CB056628

Lucy
Uma vida professora

Jayme Serva

Lucy

Uma vida professora

1ª edição
São Paulo - 2018

LARANJA ● ORIGINAL

A Anna Beia,
amor, norte, esteio

Prefácio

Professores excepcionais provocam reações excepcionais. Fui aluno de química da Lucy em 1972 e 1973, quando cursei o segundo grau no Colégio Santa Cruz. A química que aprendi com ela foi a única química que aprendi.

Trinta anos depois eu era professor titular do Instituto de Química da USP quando o telefone tocou na minha sala.

Você deve estar se perguntando como cheguei lá sem estudar química na universidade ou na pós-graduação. Sou biólogo, me tornei um biólogo molecular e acabei docente do Departamento de Bioquímica, que na USP, por razões históricas, fica no Instituto de Química.

A química que Lucy me ensinou havia sido suficiente até aquele momento em que tirei o fone do gancho. O porteiro do Instituto de Química, numa única sentença, anunciou: "Sua professora de química, dona Lucy, está aqui e quer falar com o senhor".

O que vou descrever a seguir é o que se passou comigo entre o momento que ele terminou a frase e eu respondi: "Pode mandar subir".

Uma descarga de adrenalina, típica de um mamífero em pânico, acompanhou a certeza de que a Lucy estava ali para me denunciar como uma fraude do sistema acadêmico. Como eu ousava ocupar o cargo de professor titular no Instituto de Química da USP sem ter continuado a estudar química? Imagens dela entrando nas salas de meus colegas denunciando a falcatrua passaram pela minha mente. Alunos protestando o impostor faziam piquete no meu laboratório. Seguramente meu Ph.D e os outros títulos seriam caçados. Era meu fim.

Mas ao colocar o fone no gancho voltei ao meu estado racional. Sei pouca química, mas nunca precisei mais do que havia aprendido com a Lucy. Ela provavelmente estava ali por outro motivo. Com a mistura de medo e admiração que sinto quando vou me encontrar com meus heróis, fiz um pote fresco de café e esperei.

Lucy chegou. Depois das amenidades introdutórias, começou: "Eu vim aqui...". A adrenalina subiu e com ela meus batimentos cardíacos. Era o medo irracional que voltava.

"Eu vim aqui porque estamos reorganizando o currículo de química no Santa Cruz e, como você é professor aqui no Instituto de Química, queria saber sua opinião.". Relaxei. Meu segredo estava preservado.

Passamos duas horas conversando. Contei a ela o que havia sentido quando atendi ao telefone, e rimos muito. Disse que não teria como ajudar, mas encaminhei a demanda da Lucy aos verdadeiros químicos do Instituto.

Algumas vezes, meus ex-alunos de doutoramento contam que sentiam medo e admiração pelo nível de exigência e rigor intelectual que tentava manter no meu laboratório. Eu sei exatamente com quem aprendi a ser assim. Um professor exigente (o que não quer dizer autoritário) pode ser temido e admirado no presente, mas seu papel é reconhecido no futuro, e isso gera um sentimento de enorme gratidão. É o que sinto pela Lucy.

Fernando Reinach

A história antes da história

No ano de 2015, numa troca de mensagens pelo WhatsApp, um ex-colega de colégio publicou uma foto que mostrava cinco mulheres em pé, sorrindo, abraçadas – pose clássica de amigas se reunindo, sem que ficasse claro o fundo ou o contexto. Um pouco mais de atenção permitiu ver: eram todas professoras do Colégio Santa Cruz, de ao menos três gerações diferentes.

No centro, reconheci imediatamente a de menor estatura, um rosto familiar que me lembrou de alguns dos melhores momentos em sala de aula que tive naquele colégio que tão bem me fez – tanto nas salas de aula quanto fora delas, ao menos nos três anos do então ensino secundário, a que chamávamos extemporaneamente de "científico".

Era, mesmo, ela. Lucy.

Fiquei encantado por vê-la naquela que parecia ser – e era, como soube depois – uma foto recente. Lucy estava ali, abraçada por quatro mulheres sorridentes, ao menos duas ainda na ativa no velho colégio.

O Santa Cruz tem uma característica que se faz notar tanto quanto pouco se explica: seus ex-alunos se aglutinam, ficam amigos ao longo de anos. Eu, por muito tempo, imaginei que isso era uma característica dos formados no mesmo ano que eu – 1976 –, mas com o tempo descobri que é um fenômeno comum a diversas turmas de outros anos, com quem acabei tendo mais contato depois de terminado o curso.

Ver aquela foto trouxe imediatamente à tona a memória que tinha de Lucy e, com ela, a admiração que aprendi a ter por aquela mulher. Na verdade, em boa parte uma admiração mais intuída do que baseada em fatos. Esses eram quase só os que eu acompanhava em sala de aula. Mas, em uma escola que tinha em seu corpo docente professores de altíssima qualidade e figuras humanas memoráveis, como tinha o Santa Cruz, por que essa fagulha acendeu justamente com Lucy?

Pensando hoje, acho que não há um fator único ou preponderante. Professora de química, aquela matéria que muitos temem e outros tantos rejeitam, Lucy não exibia, à primeira vista, a genialidade de Flávio Di Giorgi, a energia quase marcial de Zilda Zerbini Toscano, o apuro acadêmico na abordagem da matéria que tinham Amaury Sanchez e Antônio Mendonça ou o carisma do padre Charbonneau. Essas qualidades, Lucy as tinha todas, mas guardadas de forma mais discreta para os momentos em que cada uma delas se fizesse necessária. Aí, as usava em doses precisas, nem mais, nem menos. Somava a elas um agudo e refinado humor.

Era esse conjunto que me fascinava em Lucy. Mas havia algo mais. Por alguma razão, eu tinha comigo a pista de que naquela mulher havia guardada uma grande história a contar. Intuição, mas intuição das fortes. Um fato secundário, quase despercebido para quem o testemunhou, jogou em mim a primeira semente de curiosidade – que ficou latente por anos, até aquela foto ser aberta em minha tela. Um dia, em uma das primeiras aulas de química do colegial, Lucy, depois de ter contado a história da Tabela Periódica dos Elementos, a primordial invenção do químico russo Dmitri Mendeleiev, começou a mostrar os principais elementos dos grupos que exploraríamos de início, o primeiro da esquerda, dos metais alcalinos, e o penúltimo à direita, dos halogênios, do grupo dos não metais.

Para que aquilo não escorregasse para a tentação da decoreba, ela exemplificava o papel na natureza ou o uso prático de alguns daqueles elementos. A singularidade do hidrogênio, único dos elementos de seu grupo que não poderia ser chamado de "metal", o cloro e o flúor, lá à direita, com usos tão correntes no cotidiano. E o lítio. Elemento de número químico 3, o que nos fazia saber que tinha três prótons em seu núcleo e três elétrons em sua eletrosfera. Um pequeno entre os já infinitesimais.

Hidrogênio, veríamos logo depois, formava a molécula da água; cloro, como composto de um sal chamado hipoclorito de sódio, ia limpar as piscinas e, mais importante, ajudar a tornar nossa água potável; mas, antes disso, estava em nossa mesa, escondido dentro do saleiro, na forma de cloreto de sódio; flúor, como bem mostravam os comerciais de dentifrícios na TV, em sua forma iônica, ajudava a evitar cáries; lítio, na composição com carbono e oxigênio, forma um sal muito utilizado na medicação de processos psiquiátricos designados à época como psicose maníaco-depressiva. Alguma parcela de meu ouvido dispersivo entendeu que isso se aplicava a alguém muito próximo de Lucy. Um filho, uma filha, próximo assim. Isso dito abertamente me surpreendeu – e a aula continuou. O lítio ficou em minha memória. Iria ter notícias dele ao longo de minha vida. Ali, era um indício apenas, pequeno, molecular, de uma história que escapava do trivial; aquilo permaneceu latente, junto com outras pequenas pistas de uma vida um pouco afastada do que o lado careta dos anos 70 considerava uma vida *mainstream*.

Lucy era separada, como indicava o sobrenome de solteira. Era independente, como se via quando saía do colégio dirigindo seu próprio carro, sozinha. Era um pequeno gênio, como mostravam as duas vezes por semana em que assumia o comando da sala e, apenas com giz e lousa – e o apoio valoroso de aulas de laboratório, ministradas pela professora Vera Novais –, fazia com que aprendêssemos química de uma forma inteligente, que contrastava com a imagem de ciência como algo baseado em memorização infindável de fórmulas e estruturas.

Com Lucy era diferente. Só se decorava o que não tinha outro jeito: o número de partículas equivalente a um mol ou os grupos mais importantes da Tabela Periódica, por exemplo. No mais, tudo se fazia por dedução. Ora, se os grandes químicos haviam feito assim, por que não nós?

Não, Lucy não era uma mulher trivial. Quando vi aquela foto, gerações juntas a se confraternizar em torno de uma mestra formadora, digitei, em resposta ao grupo: "Essa mulher mereceria uma biografia". Um dia depois, um dos membros do grupo, velho amigo, me procurou em privado e me perguntou: "Você faria essa biografia?". Um arrepio de emoção temperado de temor percorreu minha coluna vertebral. Disse que seria uma honra, e um dos desafios mais importantes desta minha vida de profissional da palavra. Meu amigo então me disse que financiaria a produção.

Para minha surpresa, no e-mail seguinte, mais um amigo querido havia tomado para si essa condição de copatrocinador da obra.

A partir de então, comecei este trabalho, que, em alguns momentos, me pareceu que não acabaria jamais, nem tanto pela quantidade de referências cruzadas com a vida de Lucy, como pela dificuldade que tive, o tempo todo, de afastar o escritor do aluno, mantendo um distanciamento que, de resto, é o débito permanente que um autor tem com quem vai ler o que ele escreve. Foi muito difícil perscrutar o que havia por trás daquilo que, para mim, lá atrás, eram indícios apenas, mas que tinham sobrevivido latentes por décadas. A emoção foi muitas vezes paralisante.

Outro ponto que tomou uma importância inesperada – e é fascinante – foi a pesquisa dos ancestrais de Lucy. Seu avô, seu pai e tios foram figuras, cada um a seu tempo e maneira, muito influentes na vida de São Paulo, desde o fim do século 19.

O resultado desta viagem de volta e ida é o perfil de uma vida atribulada e fértil, de uma mulher que teve sua trajetória pautada pela coragem, mas que não tem neste seu principal atributo, e, sim, na capacidade de transformar pessoas, com sua inteligência e sua calma, com sua imensa capacidade de fazer da ciência algo acessível a jovens de quinze anos, o que lhes abriria mais tarde caminhos vida afora.

A mim, foi dado um privilégio: ter duas oportunidades de aprender com Lucy, em dois momentos tão distintos de minha vida, como a adolescência e a maturidade. Não há palavra que descreva o que isso vale.

Jayme Serva, julho de 2018

Em tempo: agradecer

Não há como começar esta história sem agradecer a quem me ajudou a concretizá-la. Primeiro aos amigos Eduardo Vassimon e Candido Bracher, que foram fundamentais para completar o caminho, nem sempre simples, que leva uma ideia a se tornar um projeto, e um projeto a virar realidade.

Também não há como não mencionar o auxílio luxuoso de Marilia Magalhães, sem o qual não sei se teria conseguido terminar esta corrida de fundo.

Não posso esquecer a própria biografada, Lucy Sayão Wendel, que teve a paciência de ouvir dezenas de perguntas deste autor-admirador e responder a todas (e ainda me advertir quando eu repetia alguma já feita em entrevistas anteriores), além de fornecer a maior parte das imagens fotográficas apresentadas aqui. Tudo isso sem falar no cafezinho com bolo, que sempre encerrava as entrevistas. A hospitalidade ali contou sempre com a atenção de Roberto Isoldi, filho mais novo de Lucy, a quem também agradeço de coração.

Outro incrível reencontro foi com Nicia Wendel de Magalhães, irmã de Lucy, e de quem também fui aluno no Colégio Santa Cruz. Nicia, assim como Lucy, tem uma incrível memória, inclusive para datas, o que foi fundamental para traçar as linhas principais deste perfil.

Este trabalho não teria caminhado sem a boa vontade das pessoas que entrevistei para colher fatos e impressões sobre Lucy, sobre suas origens familiares e sobre a escola onde ela lecionou por mais tempo, o Santa Cruz.

Destaco os professores Vera Novais, Dononzor Sella, Antônio Mendonça, Malu Montoro Jens e Suzana Facchini Granato, esta também ex-aluna.

Importantíssima também foi a contribuição de Maria Antonia Cruz Costa Magalhães.

Imensa gratidão aos ex-alunos com quem conversei e que me deram desde longos depoimentos até dicas fundamentais para encadear novas conversas: o casal Maria e Américo Nesti, Eduardo Paiva, Pedro Doneux, Ana Inoue – que esteve comigo em conversas com Lucy –, Sérgio Oliveira Machado, Wagner Coura Mendes, Enéas Coura Mendes, Fábio Nesti, Maurício Mendonça, Alfredo Maeoca e sua filha Lina – atenciosa e generosa de forma que não vou nunca esquecer –, Beatriz Di Giorgi, Luis Fernando Angerami.

Não menos importante o apoio de meus editores, a começar pela paciência e habilidade operacional de Gabriel Mayor, as ponderações de Germana Zanettini, o olhar sereno de Filipe Moreau.

À minha família – Beia, Gabriel, Marina, Ana, Clara –, agradeço a paciência e o estímulo.

Last but never least, cabe o crédito a um querido e velho amigo, Sérgio Pompéia, a quem devo a decisão, depois de valiosas conversas e ponderações, ainda no começo do segundo ano colegial, de ali cursar a área de biomédicas – assim, pude ter Lucy como professora por três anos e guardar na memória o que deu origem a este livro.

E *last but somehow least*, minha eterna gratidão a quem não citei aqui e me ajudou. Sei dos limites de minha memória e tenho certeza de que deixei de citar e agradecer a pessoas que foram importantes para a realização deste trabalho. Amor legítimo ao colaborador anônimo.

Recomeço

No percurso do bonde que a levaria até a sede do laboratório Laborterápica, em Santo Amaro, repassou mentalmente sua fala ao velho amigo e ex-colega, que dirigia a empresa: precisava trabalhar e contava com ele para o recomeço que as circunstâncias impunham a sua vida.

Ney Galvão da Silva havia estudado com ela no Departamento de Química da Faculdade de Filosofia, Ciências e Letras da Universidade de São Paulo. Como boa parte da turma, era seu amigo até aqueles dias, onze anos depois de terem se formado. Ao menos uma vez por ano, os colegas de classe se reencontravam, mantendo viva a "Turma da Ferradura", apelido irônico que, ainda estudantes, eles se haviam dado por conta da comparação com os contemporâneos um ano acima deles, um grupo considerado genial.

Naquele instante, a razão da visita de Lucy ao amigo não era a recordação dos bons tempos de universidade ou um sopro repentino de coleguismo. Era, sim, a premência do presente: depois de quase onze anos de uma vida dedicada à casa, ao marido e aos três filhos, seu casamento tinha chegado ao fim. Agora, embora ela e os pequenos tivessem ficado morando na casa que era da família do então ex-marido, ela precisaria trabalhar para conseguir se manter e às crianças – Lilia, com cinco anos à época, Sérgio, com dois, e Roberto, o caçula, ainda bebê. O amigo era sua melhor chance de conseguir trabalho.

Bastou uma rápida conversa. Ney a recebeu com a gentileza de sempre e, assim que Lucy lhe contou o que estava buscando, disse: "O lugar é seu". Havia uma vaga (ou talvez tivesse sido criada uma naquele momento) no laboratório da empresa, que era exatamente onde Lucy pensava em trabalhar. "E quando eu começo?", perguntou. "Amanhã está bem para você?". Ela mal podia acreditar. Depois de onze anos sem sequer abrir um livro de química, iria trabalhar num dos mais importantes laboratórios de São Paulo.

O amigo Ney Galvão da Silva tinha sido um dos estudantes de mais destaque de sua turma na Faculdade de Química e, logo depois de formado, foi contratado pela Laborterápica, onde fez toda a sua carreira. Como diretor, foi um dos responsáveis pelo lançamento de um dos primeiros antibióticos vendidos no Brasil, o Tetrex, marca comercial da tetraciclina produzida pelo laboratório norte-americano Bristol, associado da Laborterápica.

Lucy tomou o bonde com pressa de chegar em casa: precisaria tirar livros e cadernos de notas do fundo das gavetas para retomar os fundamentos de química, a ciência que tinha sido sua paixão de juventude, mas que agora estava já há onze anos longe de suas preocupações mais prementes. Precisava recuperar a memória dos conhecimentos que lhe tinham feito brilhar os olhos desde o primeiro contato, ainda no ginásio. Seria, finalmente, a química que a mãe de família tinha deixado latente.

Mas mal embarcou no carro da linha Tramway de Santo Amaro, uma luzinha vermelha se acendeu em sua mente: como é que poderia compatibilizar o trabalho e o cuidado com os filhos? Passou aquela viagem de volta tentando resolver o dilema. A partir do dia seguinte, afinal, ela sairia de casa às sete da manhã, trabalharia o dia todo no laboratório e voltaria às seis da tarde. Como conciliar essa jornada e o cuidado com as crianças, principalmente Roberto, que era pouco mais do que um recém-nascido? O ideal, na verdade, era que pudesse trabalhar em um regime que permitisse estar junto dos filhos ao menos em um dos períodos do dia. Mas não seria justo pedir isso a Ney – embora achasse que ele poderia até dar um jeito. Não. Era preciso encontrar um trabalho em que a jornada das oito ao meio-dia fizesse parte da rotina da função.

Quando entrou em casa, já havia decidido o que iria fazer. No dia seguinte, depois de agradecer a generosidade do velho amigo e avisar que declinava do convite e do novo emprego, saiu à procura de trabalho, agora no ofício que conciliaria suas necessidades de mãe e de trabalhadora. Foi então bater à porta da primeira escola que havia escolhido para exercer seu novo ofício.

Nascia a professora.

Um argentino acidental

No fim do século 19, o mundo vivia um de seus ciclos de grande movimentação migratória. As razões eram as mais variadas. A pobreza é apenas a mais conhecida, aquela que trouxe para o Brasil, por exemplo, os imigrantes japoneses, italianos, árabes, judeus e outros grupos menores, que ajudaram a esculpir com seus hábitos e seu trabalho a estrutura e a cultura de nossa sociedade. Da mesma forma, havia os que saíam da Europa pelo simples fascínio que as notícias de outras civilizações e de povos e climas diversos causavam no Velho Continente.

Por essa época, dois irmãos dinamarqueses, Oliver e Axel Vilhelm Wendel, estavam dispostos a sair de seu país e ir em busca de uma mudança em suas vidas e de climas mais amenos. O primeiro, e mais velho, acabou decidindo mudar-se para a Argentina, onde havia, desde os anos 1870, se estabelecido um núcleo de imigrantes dinamarqueses, num ciclo que até 1930 traria ao país vizinho algo próximo de treze mil pessoas, principalmente para compor núcleos rurais no pampa ao sul de Buenos

Aires. Oliver Wendel e sua família se estabeleceram na capital argentina, onde ele adotou o nome de Olivério.

Já Axel Vilhelm tinha planos mais ousados. Sua meta era a China. Os dois irmãos deviam se informar do que eram aqueles pontos tão extremos do mundo pelas descrições dos livros, desde os científicos até as inevitáveis narrativas de aventuras, que acabavam compondo imagens um tanto fantasiosas do Novo Mundo ou do Extremo Oriente.

Quando empreendeu finalmente a viagem, Vilhelm decidiu ir ao Oriente pela rota da América do Sul, para visitar o irmão na Argentina, e, mais tarde, terminar a longa viagem à China passando pelo estreito de Magalhães.

À época, a Argentina era uma nação rica e próspera, a maior economia do hemisfério Sul e uma das mais ricas do mundo. O PIB per capita argentino era um dos dez maiores do planeta. Na virada do século 19 para o século 20, a produção argentina equivalia à metade de toda a produção da América Latina e o país detinha 7% do comércio mundial – para se ter uma ideia, hoje toda a América Latina representa pouco mais de 8%.

La Plata, capital da província de Buenos Aires, foi a primeira cidade do hemisfério Sul a ter iluminação por energia elétrica em suas ruas, e a cidade de Buenos Aires, a Capital Federal, só não foi a primeira do mundo a ter esse recurso porque o prefeito da época achou que seria ousado demais promover essa mudança antes de ver a experiência ser levada a cabo em outra grande cidade de outro país rico.

Foi para essa próspera e promissora capital que foram Olivério Wendel e sua família, no movimento que parece ter encorajado o irmão mais novo não apenas a tomar a decisão de sair de sua

Dinamarca natal rumo ao Oriente, como a conhecer a América do Sul. No início de 1890, o dinamarquês e sua mulher, Mathilde, saíram do Porto de Copenhague rumo à distante América do Sul. Como não sabiam exatamente qual seria seu destino final, em que parte do planeta se estabeleceriam, deixaram o único filho, Frederik Vilhelm, então com um ano de idade, com os avós, na Dinamarca. Voltariam para buscá-lo se e quando encontrassem seu destino definitivo. Quando voltassem, o pequeno Frederik já seria membro de uma família maior: sua mãe saíra de casa esperando um novo bebê.

Quando desembarcaram no porto de Buenos Aires, o recente e breve Puerto Madero, Mathilde já estava grávida de sete meses. O tempo ficava apertado para quem ainda tinha um longo trecho de oceano a percorrer até chegar a seu destino final. Daria tempo de cumprir plano tão ousado? Mas a vida nem sempre é obediente a planos e projetos.

Recebidos com carinho pela recém-estabelecida família de Olivério, Axel Vilhelm e a mulher foram levados a conhecer a bela e europeia cidade de Buenos Aires (não é arriscado afirmar que a capital argentina já devia ser, àquela época, mais exuberante do que a sisuda Copenhague, a capital e maior cidade da Dinamarca). Uma das mostras de riqueza e evolução da capital portenha era a rede de bondes elétricos, digna de ser comparada à de qualquer grande cidade norte-americana.

Num desses passeios pela Capital Federal, Mathilde foi subir em um desses fantásticos veículos movidos a eletricidade e, talvez pela pouca experiência, talvez pela pressa, acabou levando um tombo feio. Com isso, além de ganhar uns bons arranhões, entrou em trabalho de parto. A agenda da família acabou incluindo uma inesperada visita a um hospital. Poucas horas depois, nascia o segundo filho de Mathilde, prematuro mas saudável. A família aumentada teria de ficar mais tempo do que o esperado na capital argentina, a fim de esperar o bebê ter forças para encarar a viagem e a mudança para a nova terra.

Mas ali no hospital, passado o susto do acidente e constatado que a única consequência mais séria havia sido a inesperada mudança de nacionalidade do rebento, a alegria do nascimento do primeiro Wendel nas Américas superou os eventuais futuros problemas. De alguma forma, começou a fazer a China ficar bem mais distante do que a já nada simples meia volta ao mundo que separava Buenos Aires do porto de Xangai. A escolha de um destino para a família começou a pender para algum lugar menos longínquo. De imediato, restava uma questão: que nome teria o bebê? Vilhelm não queria que ele tivesse um nome estranho ou mesmo impronunciável para um sul-americano – ele provavelmente não distinguia com clareza as diferenças entre o português e o espanhol, da mesma forma que, para qualquer um de nós brasileiros, não é exatamente simples distinguir sueco de dinamarquês sem ter os rudimentos dessas línguas.

O fato é que, com a estada na América do Sul muito provavelmente sendo estendida, o engenheiro quis dar ao filho um nome que soasse bem em suas novas paragens. Já que não falava ou entendia ainda o idioma local, muito menos conhecia os antropônimos daquela língua, tomou uma decisão radical: daria a seu filho o nome do primeiro homem com que cruzasse na calçada. Saiu com o irmão pela porta do hospital e logo deparou com um senhor alto, elegante e com uma característica raríssima na Buenos Aires daqueles tempos: era negro. Com a ajuda do irmão ou de gestos providenciais, acabou conseguindo perguntar ao espantado passante qual era seu nome. "Silvano", respondeu o contemplado, e saiu rápido como pôde.

Silvano. Silvano Wendel. Esse era, enfim, o nome do primeiro membro da família a nascer neste hemisfério. Já com nome dado e saúde consolidada, o bebê poderia seguir viagem com os pais. Esta, no entanto, já não seria mais tão penosa e longa, e o destino, à primeira vista (e talvez só à primeira), não seria tão exótico quanto a China, com seus mandarins poderosos, suas mulheres com pés encolhidos à custa de dolorosos enfaixamentos e todos os outros registros (factuais ou lendários) de estranhezas que cercavam aquelas terras do outro lado do mundo. O destino, agora, era o Brasil.

Brasil, mais precisamente o estado de São Paulo, mais precisamente a região de Brotas, onde parecia haver boas oportunidades para alguém com as qualificações profissionais de Vilhelm. Ali se expandia uma das ramificações da Estrada de Ferro Sorocabana, e foi para trabalhar nela que Vilhelm primeiro se estabeleceu no Brasil.

Entre 1890 e 1893, foi um dos engenheiros responsáveis pela extensão da Sorocabana até Itapetininga. Mas, mais do que isso, ao longo desses anos e mais outros tantos, Wendel teve participação ativa na vida da cidade de Brotas, onde viveu até pelo menos 1909.

Segundo conta a família, além da formação em engenharia, Wendel também tinha conhecimentos consistentes na área das ciências biológicas e da agricultura. Assim que chegou à cidade, integrou-se e buscou ajudar em seu desenvolvimento e no da região.

Sua participação nisso vai desde a intervenção nos métodos da agricultura local, ainda não recuperada do impacto da abolição da escravatura, que desestruturou um sistema que, por si só, já era de baixa produtividade, até a criação de um dos primeiros clubes do Brasil a ter o futebol como prática esportiva, o Clube Atlético Brotense. A isso se somam a participação do engenheiro em feitos importantes da cidade e da região, como a engenharia de seu saneamento básico – pioneiro no interior do estado –, a rede de águas, a geração e a distribuição de luz elétrica – também algo inovador naqueles tempos – e até o jornal da cidade. "O Correio Brotense", desde seu início, teve participação ativa de Guilherme Wendel – agora já adotando a versão de seu nome em português – a ponto de, num momento de dificuldade econômica maior, ele assumir, durante alguns dias, a oficina do periódico, trabalhando não apenas na redação, mas na produção do jornal.

A outra ponta da Estrada de Ferro Sorocabana já estava decidida: seria o caminho até o porto de Santos, um esforço não apenas de engenharia, mas também de política, já que era preciso romper o virtual monopólio que a tradicional São Paulo Railway tinha na conexão do planalto paulista com o porto. Mas isso já não estaria mais na perspectiva de Wendel. Embora tivesse participado da concepção desse ramal tão importante para a economia do estado, em fins de 1893 ele deixa a Sorocabana para logo se colocar em um projeto ousado, o de desbravar e desvendar o território de São Paulo.

Quatro anos antes da chegada de Guilherme Wendel ao Brasil, ainda durante o Império, o presidente da Província de São Paulo (equivalente ao governador e nomeado pelo imperador), João Alfredo Corrêa de Oliveira, convidou o geólogo norte-americano

Orville Derby, então diretor do Museu Nacional, para dirigir a recém-criada Comissão Geográfica e Geológica. São Paulo crescia de forma vertiginosa e, no entanto, era em grande parte terra desconhecida dos próprios paulistas. Para crescer, era preciso conhecer – e o mapa do estado de São Paulo ainda trazia grandes áreas, a oeste, marcadas com a pouco esclarecedora e, de certa forma misteriosa, classificação de "regiões desconhecidas e habitadas pelos índios". Que índios? Que regiões?

Essas respostas fariam parte da vida de Guilherme Wendel (e intensamente de sua família, como vamos ver logo mais).

Brotas e o mato adentro

Se Silvano foi o primeiro dos Wendel a nascer na América do Sul, a família ainda teve, quatro anos depois, seu rebento genuinamente brasileiro. Mais precisamente, brotense. Seguindo a sonoridade do nome do filho nascido em Buenos Aires, o filho seguinte de Mathilde e Guilherme recebeu o nome de Mariano. Para homenagear o irmão que o recebera na Argentina, Wendel decidira completar com o nome dele o do filho, que ficaria Mariano Oliver, ou Mariano Olivério, com a latinização que o próprio Oliver Wendel adotara em Buenos Aires. Até hoje não sabemos qual seria a opção – na verdade, o nome colocado na certidão pelo escrevente do cartório foi o que lhe parecia mais próximo do que ouvia; assim, o filho de dinamarqueses acabou por se chamar Mariano de Oliveira Wendel, com seu segundo nome se transformando em um castiço e insólito sobrenome português, sem qualquer relação com as origens nórdicas da família, muito menos com o nome do tio que deveria homenagear.

Com toda a atividade e todos os compromissos que os múltiplos talentos de Wendel haviam amarrado no Brasil, foi na verdade o nascimento de Mariano que o levou a tomar uma decisão definitiva: era mesmo no Brasil que iria ficar. Tanto retomar o projeto do Oriente como voltar à terra natal estavam agora definitivamente fora de questão. Para sacramentar o novo acerto, colocou num navio toda a família formada até ali – Mathilde e os filhos Silvano e Mariano, ainda bebê – para que, juntos, fossem buscar o primogênito na Dinamarca, na casa dos avós. Lá, Mathilde encontrou pela última vez a família e reviu finalmente o filho deixado bebê, agora já com quatro anos completos. Vendeu a casa em que morava com Wendel, juntou as economias e tomou o caminho de volta. Vilhelm Frederik finalmente viria se juntar aos irmãos, aqui no outro lado do mundo. A família agora estaria completa. Em 3 de setembro de 1894, um navio vindo de Copenhague trouxe, segundo os registros disponíveis (que não incluem o nome da embarcação, apenas sua origem e destino), os passageiros Mathilda [*sic*] Wendel, 29 anos, V. Wendel, 5 anos (o primogênito, depois Guilherme Frederico), S. Wendel, 4 anos (Silvano) e M. Wendel (Mariano), 0 anos [*sic*], segundo o registro da viagem.

Tudo indica que Guilherme Wendel era um homem inquieto, um espírito livre e até, em boa medida, aventureiro (o simples fato de cogitar a China como possível destino dá alguma mostra disso). Seria fantasioso achar que fosse algo no estilo do que ficou consagrado na figura do explorador escocês David Livingstone (1813-1873), que se embrenhou pela África e se tornou um mito cultivado pela imprensa dos meados do século 19, depois de sumir ao longo de anos pela selva. Livingstone se tornou uma espécie de mito moderno, inspirador de muita literatura juvenil e fantasia adulta, a figura do europeu que dedicava até a própria vida a desvendar os limites mais distantes e levar aos mais longínquos recantos do planeta o alívio da civilização. Mas isso era coisa para aristocratas milionários. Nada parecido com nosso Vilhelm/Guilherme.

Wendel logo encontrou em Brotas o canal para suas habilidades de engenheiro e eventuais veleidades de explorador de novos mundos. Chegou ali levado por um importante fazendeiro da região, Carlos Botelho, o filho mais velho do Conde do Pinhal. Botelho era médico, formado em Paris, e tinha, talvez pela formação inusitada – médico urologista –, ou mais provavelmente pelo que viu nos anos em que estudou na Europa, ideias arejadas sobre como continuar o desenvolvimento desse pedaço do mundo que era o grande cafezal paulista. Era herdeiro de mais de uma fazenda de sua família, mas tinha ideias que iam além do café – sem desprezá-lo, é claro.

Já na gestão da Princesa Isabel, filha e eventual sucessora do Imperador Pedro II, e exercendo à época as funções de chefe de Estado, havia sido instalada em São Paulo, como vimos, a Comissão Geográfica e Geológica, grupo de estudiosos, exploradores e cientistas cuja função era mapear o território da então província, depois estado de São Paulo – a CGG seguiu funcionando sem grandes problemas depois da Proclamação da República –, e obter não só um mapa fidedigno do território, com rios, relevo, geologia, cobertura florestal, como também uma identificação das gentes de São Paulo: quem de fato ocupava aquele imenso território descrito da forma pobre como os mapas oficiais faziam? Nos anos 80 do século 19, São Paulo era um território tão pouco conhecido e mapeado como era o cerrado na primeira metade do século 20 e ainda o são hoje áreas imensas da região amazônica.

Havia uma diferença clara entre Wendel e a figura típica do explorador europeu, à semelhança de Livingstone. Wendel não era um aristocrata, não tinha quem o bancasse e tinha uma família a zelar. Portanto, suas entradas pela selva eram menos impulsivas e românticas, além de menos contínuas, e eram mantidas graças ao salário oferecido pela Comissão e obtido com o suor do refinado trabalho do dinamarquês. Até ideologicamente sua ação era mais leve. Enquanto Livingstone – e Richard Burton e Lawrence of Arabia e Robert Scott – trazia na esteira de suas expedições a ideia de um império a se estabelecer, o engenheiro dinamarquês buscava responder a uma demanda pragmática dos governantes do estado onde tinha vindo morar e à manutenção da família em troca do que conhecia. E que não era pouco.

Se o Brasil foi importante para Guilherme Wendel, como o cenário em que empreendeu sua vocação de engenheiro, no sentido mais amplo que a palavra adquiria àqueles tempos, estendendo-se à Geologia, à Topografia e, no caso dele, raspando em outros ramos da ciência exata e humana, Wendel foi também bastante importante para o Brasil, ao menos para São Paulo.

As expedições, que tinham intervalos de anos entre uma e outra, obviamente não viriam a ser a única atividade de Guilherme. Foi ficando conhecido e respeitado como engenheiro, era chamado a trabalhar pelo interior de São Paulo afora. Em Brotas, nasceram e foram batizadas as filhas Sophie Marie

Amalia, Else Marie, Karen Margareth Ingeborg (Dada) e Laura Hildebrand, a caçula, nascida em 1906. Como se vê, depois de Mariano, o casal Wendel desistiu de abrasileirar os nomes dos filhos.

Guilherme Wendel esteve em mais de uma dezena das grandes expedições da CGG. Para se ter uma noção da importância dessas expedições, cada uma gerava um volume impresso, contendo extensos relatórios técnicos e científicos descrevendo as descobertas de cada etapa da incursão, acompanhados de fotos de registro que, por sua qualidade, não fariam feio em qualquer concurso de fotografia artística. Tudo isso era impresso e disponibilizado ao público. Pouco dos registros originais de imagens, na verdade, chegou até nós. As matrizes das fotografias, gravadas em vidro, se perderam quase todas. Há boas reproduções ainda a ver, no Museu Geológico Valdemar Lefèvre – no Parque da Água Branca, em São Paulo –, que guarda também as últimas chapas conhecidas, já das expedições mais recentes da CGG. Os fotógrafos oficiais das expedições usavam uma câmera de grande formato, algo similar às alemãs Sinar, com chapas de vidro de formato 4x5 ou 6x7 polegadas. O resultado foram fotos de qualidade maravilhosa, como se pode ver nos exemplares remanescentes dos relatórios da Comissão ou nas reproduções disponíveis no Museu Geológico. Mas o interessante do que se pode ver no arquivo de fotografias legado por Guilherme Wendel é que todas as imagens são cópias-contato de negativo 6x6 centímetros, típico de máquinas como a Rolleiflex, não exatamente um equipamento barato, mas ao menos acessível a um fotógrafo amador interessado.

Ao que tudo indica, Wendel fotografou pessoalmente o que lhe pareceu interessante nas expedições de que participou. Na volta, revelou e copiou, da forma mais simples, o que registrou. Há detalhes ali que as grandes chapas dos fotógrafos da CGG talvez não tivessem tido tempo de registrar. As casinhas, seus habitantes caiçaras, suas crianças, seus sorrisos, uma ou outra foto registrando a interação entre o cara de fora, constrangido, e os caras do mato, entre espantados e conformados. Parte dessas imagens ainda está com a família até hoje, na forma de cópias-contato e negativos. Algumas dessas fotografias estão reproduzidas adiante.

Foi esse homem, poliglota, expansivo na coragem e na curiosidade, disposto a explorar as novas terras e conhecê-las em detalhes físicos, minerais, econômicos e antropológicos, que deixou muitas vezes para trás sua companheira, de aventura e de viagem, mãe de seus primeiros sete filhos – Guilherme Frederico, Silvano, Mariano, Sophie, Elsie, Karen e Laura – e esposa dileta. Fosse pelo clima do Brasil, fosse pela distância do marido, que não hesitava em gastar meses para se embrenhar em matas em busca do resgate de uma história que, ao fim e ao cabo, lhe era estrangeira, fosse ainda por uma saúde que não a ajudava, o fato é que Mathilde Hildebrand não era um poço de energia como era o marido.

Uma das expedições mais importantes dentre as que a Comissão Geográfica e Geológica realizou no fim do século 19 e no primeiro quarto do século 20 está a que trilhou, em 1905, com grupos diferentes, os rios Feio, do Peixe, Tietê e Paraná, embrenhando-se no então sertão paulista, terras inexploradas e muitas vezes habitadas por tribos indígenas ainda não contatadas pelo homem branco. A volúpia pragmática do presidente do estado de São Paulo, Jorge Tibiriçá, pela ocupação de terras dos índios para agricultura levou o criador e à época chefe da Comissão, o britânico Orville Derby, a pedir seu desligamento.

Guilherme Wendel era um dos engenheiros do grupo que percorreu o rio Tietê. Pode-se imaginar quais eram as condições de conforto e segurança que um grupo de trabalho como esse tinha. Se nos primeiros trechos da viagem havia vilas e fazendas com que poderiam contar para algum apoio, ao se embrenhar pelo sertão paulista – ou "extremo sertão", como descreveria o relato da expedição publicado pela CGG –, os viajantes tinham à mão apenas os próprios recursos e a capacidade de organização em condições bastante duras. Barracas de lona encerada, suprimentos estocados para vários dias no meio da mata, ferramentas e armas de defesa, além de sua própria capacidade física e mental: era com isso, e apenas isso, que contava o grupo. A certa altura, tratava-se de vida na selva.

A equipe tinha entre seus membros regulares ao menos um engenheiro, um botânico, um topógrafo, um geólogo, um geógrafo, um fotógrafo e todo um pessoal de apoio, com mateiros, carregadores, cozinheiros e – indispensável – o grupo que cuidava da segurança. Todos, esperava-se, habilitados a usar uma arma.

Certa noite, um dos guias da expedição alertou o grupo para o que parecia ser o pio de um pássaro. Aquilo devia ser sinal trocado por índios. A informação colocou o acampamento em alerta. Teria havido ao menos um ataque com flechas, rechaçado por tiros dos acampados. Com temor de que os ataques endurecessem, o grupo decidiu enviar emissários de volta à cidade mais próxima para relatar a situação e pedir reforços para se defender de um eventual ataque mais intenso. Daí em diante, o que ocorreu é pouco claro.

O fato é que a notícia chegou torcida a Brotas, onde Mathilde vivia com os sete filhos: Guilherme e os companheiros de expedição teriam sucumbido ao ataque dos índios. Caso típico de quem conta um conto e aumenta um ponto. Mas, para Mathilde, esse um ponto foi devastador. Já pouco adaptada àquele mundo tão diverso do seu, com o marido sempre longe e, ao mesmo tempo, sempre um apoio, uma vez que era ele, afinal, quem sabia como falar com os brasileiros ao redor e quem provia o sustento da casa, ela reagiu pessimamente à notícia falsa. Desesperada, começou a chorar convulsivamente e a gritar, pronunciando palavras que ninguém em volta era capaz de entender. O choque havia feito com que Mathilde passasse a falar apenas sua língua natal, o que soava aos brasileiros simples ao redor como grunhidos sem sentido.

A situação fez com que o médico chamado lhe aplicasse um sedativo. Decidiu-se, então, que seria preciso internar a pobre mulher. Não num hospital comum, mas no Asilo de Alienados do Juqueri, localizado na vila de mesmo nome (hoje Franco da Rocha), próxima à capital, e o maior sanatório psiquiátrico do estado.

Enquanto isso, Wendel seguia com a expedição do Tietê e o problema com os índios hostis tinha-se resolvido, fosse pelos tiros, fosse pelas panelas, espelhos e badulaques. A expedição seguiu aparentemente sem vítimas. Aparentemente, apenas. Além dos índios, Mathilde também não voltaria para contar serenamente sua história. Depois de quatro meses de uma internação claramente inadequada, num hospital que, ao que tudo indica, não estava capacitado a dar a ela o atendimento para os males que de fato a acometiam – fragilidade, desnutrição e, o mais grave, o trauma pela perda que supunha ter sofrido – sua saúde se deteriorou completamente.

Guilherme voltou tarde demais. Uma infecção intestinal matou sua companheira de aventuras antes que ele pudesse ter feito qualquer coisa para evitar. A volta da expedição de 1909 lhe trouxe ao encontro uma casa desfeita, com os filhos mais velhos cuidando dos mais novos, contando com a ajuda de vizinhos amigos. Era preciso recomeçar a vida.

O primeiro passo foi providenciar o cuidado dos filhos. Contou, em Brotas, com a ajuda de amigos, que se prontificaram a cuidar das filhas mais novas. Assim, veio a São Paulo com os mais velhos. Guilherme filho e Silvano foram estudar na Escola Politécnica da Universidade de São Paulo e, eventualmente, arrumavam trabalhos em áreas correlatas, como topografia e cartografia, para ajudar no sustento da casa. Mais tarde, o caçula dos rapazes, Mariano, entrou também para a Politécnica. Uma vez os três lá, Guilherme e Silvano tomaram uma decisão: ambos se formariam nos cursos breves que a Poli à época oferecia, para que, trabalhando em tempo integral, pudessem não apenas ajudar o pai no sustento da casa, como permitir que o irmão mais novo se dedicasse inteiramente aos estudos e se formasse engenheiro.

Guilherme pai, de seu lado, não parou as atividades, viajando o estado de São Paulo e depois o inexplorado Paraná, que viria a ser a nova fronteira do café. Com os filhos mais velhos já adultos e as mais novas com o cuidado encaminhado pelos irmãos, o velho engenheiro não recusava missão. Nisso, era acompanhado de perto por Guilherme filho e Silvano, que também se integraram à Comissão Geográfica e Geológica e igualmente se embrenharam pelas matas e rios fazendo medições e mapeamentos.

A crônica da família descreve uma situação em que Silvano, tendo viajado do meio do estado até Porto Epitácio, às margens do rio Paraná (hoje a importante cidade de Presidente Epitácio), de trem, sentado em uma cadeira, pediu na volta que o bilheteiro lhe conseguisse um leito. Quando chegou a hora de embarcar, Silvano descobriu que havia alguém justamente no lugar que ele acreditava ter reservado. Quando foi reclamar com o homem deitado no leito que seria seu, descobriu que era o pai, voltando de mais uma de suas viagens exploratórias. Restou ao filho, é claro, o leito de cima.

As viagens acabaram por terminar com a viuvez de Guilherme. Numa delas, ao norte do Paraná, conheceu a jovem Ana Maria Maynardes – Anita –, filha de uma família da cidade de Castro, uma das mais antigas do estado. Uma de suas avós era índia, o que gerou, dentro da família, a lenda de que a própria Anita era índia – o que até hoje se comenta entre os Wendel, tornando ainda mais temperada de aventura a já aventureira história do patriarca.

Com a segunda esposa, Guilherme teve quatro filhos, mais brasileiros do que nunca: Amalia Frederica Ingeborg (chamada tia Inge pelos sobrinhos), Olivério, Job Martinho e Lourenço. O dedicado imigrante dinamarquês que havia feito um grande esforço, ainda em Buenos Aires, para dar ao filho um nome que soasse latino depois deu às filhas nomes de inspiração de sua Dinamarca. No segundo casamento, manteve a regra: filha de nome nórdico, rapazes de nome latino, com o mais velho homenageando o irmão, de que o "Oliveira" de Mariano havia sido uma tentativa frustrada pelo notário.

É maravilhoso ver uma menina bisneta de índia chamada Ingeborg. Àquela altura, é possível que as muitas línguas que Guilherme falava já se tivessem juntado em sua cabeça, num grande pan-idioma em que Marianos e Ingeborgs compartilhassem o mesmo sotaque. Muitos anos mais tarde, seria comum a neta Lucy vê-lo, nas ocasiões em que estavam juntos, lendo um livro e perguntar o que era. O avô sempre explicava do que se tratava. A pergunta seguinte era: "Mas que língua é essa vovô?", ao que o velho Guilherme demorava alguns segundos para responder. Falava ao menos sete idiomas e era capaz de ler e entender ao menos uma dezena, com fluência. Daí a hesitação ao responder: lia um livro holandês ou outro francês com a mesma naturalidade, quase distraído sobre qual das línguas estava a ler.

O segundo e o terceiro dos filhos de Guilherme e Anita, Olivério e Job, viriam a se tornar aviadores, coisa para homens arrojados e destemidos, num tempo em que pilotar uma aeronave era uma aventura arriscada e em que o índice de acidentes, incluindo os mais graves, era muito mais alto do que hoje. No caso dos filhos de Wendel, a estatística foi bastante injusta, mesmo para aqueles tempos: os dois mais velhos morreriam precocemente em acidentes aéreos.

Placídia e Silvano

Placídia Manso Sayão era uma figura especial. Filha de um médico conservador, João de Góes Manso Sayão, nascido em Vassouras, Rio de Janeiro, e cidadão exemplar de Avaré, cidade promissora do interior de São Paulo, pagou o tributo do conservadorismo do pai. Quando terminou a educação escolar básica, o doutor simplesmente a proibiu de continuar os estudos. Isso não era exatamente incomum àquela época, talvez fosse mesmo a rotina. Mas o fato é que a inquieta e talentosa Placídia – Placidinha, como lhe chamava a família, por ter herdado o nome da mãe, e como foi conhecida vida afora – teve, de repente, de se contentar com o desenvolvimento de outros talentos, aqueles então mais usuais para uma moça de família, ao menos nos moldes ajustados pelo doutor Sayão. Costurar e bordar eram atividades que ela exerceria vida afora com gosto e maestria (o enxoval do casamento da filha mais velha, Lucy, seria mais tarde bordado inteiramente por ela). Aprendeu, já que era o que lhe restava aprender, e aprendeu bem.

O destino estava traçado: deveria se casar e constituir família. Melhor que se casasse com alguém que lhe demonstrasse interesse antes daquela idade em que talvez ela tivesse de passar pela fantasia-pesadelo de algumas mulheres de seu tempo, que era o de, velada ou explicitamente, oferecer sua condição de noiva a um pretendente, com dote incluído no pacote, e chance enorme de o pretendente ser uma mercadoria de ponta de estoque. Pesadelo pior, só ficar para tia.

Placídia teve a sorte de se valer das relações de família para que lhe aparecesse um bom pretendente, aceitável e aceito pelo severo doutor Sayão, e que parecia, de resto, ser um bom partido. Afinal, era filho de um engenheiro importante vindo da Europa, irmão de um sujeito que parecia ser pessoa influente e, mais do que tudo, gente estabelecida em São Paulo. E o pretendente parecia ainda ser pessoa cordata e equilibrada. Talvez viajasse um pouco demais. Mas não havia mesmo homem perfeito.

Silvano Wendel apareceu na vida de Placídia por meio do irmão Mariano. Quatro anos mais novo, muito mais articulado no contato pessoal do que o irmão – este sempre mais dedicado ao sustento dos irmãos mais novos e ao apoio ao pai, viajando de lá para cá atrás de leitos de rios, acidentes geográficos e encrencas relacionadas –, Mariano teve destaque na vida pública de São Paulo, tanto no campo acadêmico quanto no político e governamental.

Ajudado pelos irmãos mais velhos a obter uma graduação em engenharia na Escola Politécnica da Universidade de São Paulo, Mariano sempre buscou – e soube – retribuir. Em diversos momentos ajudou Silvano a obter oportunidades na vida profissional tanto na condição de funcionário público como muitas vezes nos contatos com pessoas importantes na iniciativa privada. Mas nenhuma dessas oportunidades foi tão marcante quanto a que resultou na condição de noivo e futuro pai: indiretamente, foi Mariano que fez com que Silvano conhecesse Placídia.

Um dos melhores amigos de Mariano na Escola Politécnica era João de Góes Manso Sayão Filho, de uma família bem estabelecida na cidade de Avaré, o que lhe tornava possível morar em São Paulo em condições muito boas – o que definitivamente não acontecia com Mariano e seus irmãos. O pai de João, médico, mantinha boa clientela na cidade, o que lhe permitia sustentar o filho estudando na capital.

A amizade cada vez mais próxima entre João – cujo apelido entre os colegas era Goesinho – e Mariano acabou levando a um primeiro convite para que este fosse passar umas férias com a família Sayão em Avaré, onde Mariano foi muito bem recebido. Nas férias seguintes, Goesinho decidiu convidar também o irmão, que ia se tornando seu amigo por conta da grande sociabilidade de Mariano, que sabia juntar pessoas. Nessa temporada em Avaré, Silvano foi premiado com o convite para a confortável e hospitaleira casa do doutor João Sayão e dona Placídia.

Ali, aconteceu o olhar: entre os hospitaleiros membros da família anfitriã, estava lá Placidinha, a filha de quinze anos do casal. Não demorou até que o jovem estudante e a adolescente irmã do amigo trocassem olhares e aquilo se transformasse num encantamento. Daí ao namoro, o passo era natural. Seria. O doutor Sayão não admitia que sua filha sequer começasse algo parecido com um namoro antes dos dezenove anos de idade.

Silvano aceitou aquela condição, Placidinha também e, ao longo dos quatro anos seguintes, os dois trocaram cartas e mais cartas – e esse era seu principal canal de contato. Ele tinha de trabalhar, e isso implicava viagens para locais distantes e inóspitos, e ela, ao contrário, ficava em casa, como determinava o doutor Sayão. Viam-se poucas vezes por ano. Mas era assim que muitos casais faziam a corte, namoravam, noivavam e caminhavam para o matrimônio naqueles tempos. A distância não era, então, um grande problema, ante o compromisso assumido. Boa parte do encantamento, aliás, estava nessa combinação e a fórmula romântica que mesclava sacrifício, conquista e um final feliz a compensar tudo aquilo.

Placídia e Silvano se casaram em Avaré. A licença paterna para que ela se casasse só foi concedida em 1921. Seguiram para a lua de mel no Rio de Janeiro, com uma breve parada em São Paulo. Na então capital federal, ficaram hospedados na casa de uma irmã mais velha de Placidinha, Dulce.

A surpresa ingrata da viagem foi que, em plena lua de mel, Placidinha começou a ter dores abdominais muito fortes. Dulce chamou um médico conhecido da família, que diagnosticou uma apendicite aguda e confirmou a necessidade imediata de uma cirurgia.

Uma vez operada a paciente, o médico chamou a família e declarou solene: uma consequência da infecção e da cirurgia de emergência seria a esterilidade da paciente. Segundo ele (e sabe-se lá de onde poderia ter tirado essa conclusão insólita), Placidinha ficaria boa, mas não poderia ter filhos.

O tempo não demoraria a contradizer o prognóstico sombrio. Placidinha teria cinco filhos, quatro deles chegando à vida adulta e lhe dando netos e bisnetos. Lucy viria a ser afilhada de Dulce, que daí em diante seria chamada, ao longo do resto da vida, de Dindinha pelos quatro filhos da família Sayão-Wendel.

Uma inesperada primogenitura

Lucy Sayão Wendel nasceu em 5 de agosto de 1924 (embora seus arquivos escolares, mais tarde, indiquem-na um ano mais velha, e veremos por que quando chegar a hora), em São João da Boa Vista, cidade em que estava agora estabelecida a família de Placidinha.

A família morava em São Paulo, capital, onde, em uma casa alugada no bairro da Vila Mariana, o casal Sayão-Wendel havia constituído seu lar, já formado pelos dois e pela filha mais velha, Maria Edith, àquela altura com pouco mais de um ano de idade. A cidade parecia ser um bom lugar para se viver, apesar do crescimento vertiginoso por que passara naquele primeiro quarto do século 20. Aliás, há raras referências de cidades no mundo que tenham crescido na velocidade com que São Paulo cresceu. Entre 1890 e 1920, a população passou de 65 mil para 579 mil habitantes. Nos vinte anos seguintes, saltou para 1,326 milhão. Isso trouxe problemas que permanecem, de certa forma, até hoje, como é o caso do déficit e da precariedade habitacionais ou das insolúveis inundações das áreas anteriormente de várzea.

À época, as más condições de habitação, saneamento e saúde pública fizeram a metrópole improvisada em que a antes agradável cidade ia se transformando exibir índices de mortalidade infantil mais altos do que os que se verificam hoje nos países mais pobres da África. Em 1918, a mortalidade infantil superava os duzentos óbitos antes de um ano de vida para cada mil nascidos vivos. Doenças como diarreia, de prevenção relativamente fácil em lugares de salubridade e estrutura mínimas, matavam milhares de crianças todo ano nesta São Paulo de uma profusão incessante de unidades habitacionais novas e precárias, com suas fossas negras ou esgotos a céu aberto e com sua água não tratada, muitas vezes tirada de poços contaminados pelas próprias fossas.

Mas isso, como hoje, era marcante nas regiões mais pobres da cidade. As famílias ricas e a incipiente classe média, à qual pertenciam os Wendel, estavam de alguma forma mais protegidas da realidade mais insalubre da capital. Havia, é claro, as doenças "democráticas", aquelas que não poupavam nem os mais ricos, como a tuberculose, a paralisia infantil e outras infecções ainda não ameaçadas pelos antibióticos e vacinas que demorariam anos para chegar ao Brasil, a bordo de navios e do zepelim de breve história. Morria-se de parto com muito mais frequência do que hoje e, normalmente, as famílias, mesmo as de mais posses, consideravam que perder filhos de menos de dois anos era uma condição natural. Vingava o rebento que ultrapassasse esse limite.

Essas eram as ameaças rotineiras da cidade. Mas, naquele ano, apareceu mais uma, esta excepcional e surpreendentemente violenta. No dia 5 de julho de 1924, bem quando Placidinha estava já no oitavo mês de gravidez, estourou em São Paulo a Revolução de 1924.

Revolução com letra maiúscula, por seu papel histórico, ao mesmo tempo continuador de um movimento que já havia mostrado suas demandas em 1922, com o rápido, violento e surpreendente levante que ficou marcado pela figura dos 18 do Forte, no Rio de Janeiro. O movimento tenentista retomava suas demandas e sua força, com a liderança de um general gaúcho e herói da Revolução Federalista, Isidoro Dias Lopes, que agora buscava mudar o Brasil a partir de São Paulo.

Os revoltosos não tinham uma pauta clara de mudanças estruturais para o Brasil, mas acenavam com ideias como a do voto universal e secreto, a reforma do Poder Judiciário, uma defesa do papel das Forças Armadas na condução do país, além de uma reforma educacional. O Brasil ainda vivia o rescaldo da crise da revolta de 1922, que havia tido como reação do presidente Artur Bernardes a decretação de um estado de sítio que não havia sido levantado, desde então, e que haveria de durar ainda dois anos.

Sob a liderança do general, São Paulo sofreu ataques que nunca viu antes nem depois. Mesmo a Revolução Constitucionalista, de 1932, com todo o seu simbolismo e a violência da reação a ela, sequer chegou perto da violência de 1924. As poucas mas marcantes fotografias mostram o que foram os danos do combate. São Paulo, pela primeira e única vez em sua história, sofreu ataques de bombardeio aéreo. As paredes das mansões traziam furos de balas. Havia uma estratégia para atacar a capital e, a partir dela, derrubar o governo central do Brasil. Pareceu fazer sentido, no começo: no primeiro dia, o presidente do estado, Carlos de Campos, abandonou o Palácio dos Campos Elíseos, sede do governo e alvo de bombardeios dos rebeldes, e foi se abrigar em um vagão de trem numa estação da Central do Brasil no bairro da Penha.

Durante pouco menos de um mês, São Paulo viveu o terror de uma guerra. Inesperada, para a maioria da população, causou pânico entre os que viram a cidade, de repente, ser alvo de metralhas, bombardeios aéreos (falava-se de bombas de dezoito quilos jogadas dos aviões governistas), tiros de artilharia pesada.

Foi um susto para São Paulo, da mesma forma que foi um susto para a pequena e nova família formada por Placídia, grávida, a filha, Maria Edith, e Silvano. De repente, a vida na cidade passava a ser muito perigosa. Antes que a escaramuça chegasse à Vila Mariana, era preciso sair dali. Placídia e Silvano tinham a sorte de contar com uma família longe dos acontecimentos. Decidiram que, temporariamente, deixariam São Paulo para se proteger dos perigos da guerra. Até no mínimo o nascimento do novo bebê, ficariam longe do palco de ações dos revolucionários.

Com malas e bagagens, a família Sayão-Wendel tomou o trem rumo à terra onde àquela altura moravam os pais e os irmãos de Placídia, a até hoje aprazível cidade de São João da Boa Vista, na região noroeste do estado de São Paulo, perto da divisa com Minas Gerais. Ali, pareciam distantes as possibilidades de extensão da guerra que espocara em São Paulo.

Foram todos bem recebidos pela família Sayão, que, ali, esperou pelo final da gravidez da filha, longe das ameaças da guerra paulista, que, àquela altura, se deslocava para a direção oposta de onde eles estavam, com as tropas de Dias Lopes fugindo em direção à divisa do então estado do Mato Grosso (hoje Mato Grosso do Sul). Dali, fugiriam para o Sul, para se juntar à marcha liderada por Luís Carlos Prestes.

Tudo parecia estar resolvido e encaminhado. Quando veio ao mundo a segunda filha de Placidinha e Silvano, a paz já havia voltado a São Paulo e o susto da população ia aos poucos se diluindo. O bebê que viria a aumentar a jovem família recebeu o nome de Lucy. Mas, no meio daquele sossego e das boas notícias, uma fatalidade abalou a vida da família: a pequena Maria Edith, primeira filha do casal, a criança da casa até então, foi acometida por uma crise de meningite. Não havia saída, não havia antibiótico, não havia nada além da esperança por algum milagre, que não veio. Após alguns dias de sofrimento, a pequena não resistiu. A família, que havia escapado à ameaça da guerra civil e tido a graça de ganhar uma filha forte e saudável, se deparava agora com uma tragédia no outro prato da balança. As circunstâncias deram a primogenitura a Lucy.

A guerra de São Paulo havia durado pouco, mesmo assim, tinha deixado seu rastro de sofrimento. Mas, com o passar do tempo, cada vez menos se falava sobre o general Isidoro na cidade, as marcas de bala foram sendo apagadas das paredes, o sofrimento da família foi sendo revestido pelas rotinas. Era assim. Morria um filho, passava-se a outro a esperança de que prosseguisse o caminho da família.

Placídia e Silvano seguiram em frente e voltaram para São Paulo com Lucy. Logo que chegaram, continuaram por mais algum tempo na casa da Vila Mariana, mas acabaram se mudando para outra casa, mais perto do centro, na Rua Haddock Lobo. Foi ali que, pouco mais de um ano depois, Placidinha ficaria grávida da segunda filha. Zilah Sayão Wendel nasceu em dezembro de 1926. Lucy ganharia uma irmã – e mais do que isso, uma amiga para a vida toda.

Crianças, Lucy e Zilah de fato ficaram muito próximas. Havia um fato curioso: uma achava que a outra era bonita e que ela mesma tinha de se conformar por não ter sido dotada pelos mesmos atributos de beleza da irmã. O tempo iria dizer que as duas estavam certas. Eram diferentes entre si, cada qual com sua beleza particular, sempre notada por todos – menos pelas duas, ao menos no que se referia aos atributos próprios.

Durante ao menos cinco anos, Lucy e Zilah cresceram como um par de irmãs. A família parecia que ia ficar nisso, o casal Placidinha e Silvano e as duas meninas. Divertiam-se muito, já na casa alugada da Rua Anastácio, na Lapa (que depois seria o corredor das Ruas Nossa Senhora da Lapa e Pio XI). Era ainda um bairro bastante sossegado, ainda contíguo, por um lado, à ferrovia e, por outro, a chácaras dedicadas à produção de frutas, hortaliças ou produtos de subsistência ou ainda de áreas remanescentes de mata atlântica.

Brincar por ali era seguro e ao mesmo tempo salubre. As duas meninas se relacionavam bem com os vizinhos, que, pela própria simpatia de Silvano, sempre atencioso com todos que encontrasse pela rua, igualmente mantinham boas relações com a família.

Se não chegavam a ser espartanos, os hábitos da família não passavam por luxos ou extravagâncias. Era uma vida típica de classe média da época – o que não tirava das meninas a alegria de viver. Escola, os pais haveriam de escolher a dedo. De fato, Placidinha e Silvano tinham preocupações semelhantes quanto à educação das filhas, e esta deveria ser ao menos suficiente para que as meninas pudessem conduzir autonomamente suas vidas mais à frente. De fato, não era uma família fadada a criar apenas esposas exemplares, aptas tão somente a panelas, fraldas e agulhas de tricô. É fato que a mãe transmitiria às meninas as aptidões no trato com agulhas, linhas e tecidos – Lucy, mais tarde, teria quase tanto gosto por esse talento como tinha pela ciência e pela educação. Mas toda a família sabia que a vida não se resumiria a isso, e queria mais.

A escola entre escolas

Numa família como aquela, escola era componente fundamental. Escolher onde as filhas iriam estudar não era uma decisão burocrática ou prática. Naquela época, a oferta de vagas em escola pública estava longe de atender a toda a população, mas a qualidade, em quase todas elas, ao menos na capital, era inegável. Havia as escolas particulares, muitas delas religiosas, mantidas por ordens católicas, evangélicas e judaicas. Outras eram montadas por educadores com um projeto próprio. O que interessava a Silvano e Placidinha, na hora de escolher onde matricular a primeira filha a ir à escola, era escolher o melhor.

Na devida hora, quando Lucy estava chegando à idade escolar, Silvano tratou de esticar o periscópio e dar uma busca no que haveria disponível na região para começar a educação formal da filha – que já era uma curiosidade só sobre as coisas do mundo. A tal ponto que não teve paciência de esperar a escola chegar para aprender a ler e escrever. Ali mesmo, em casa, usando blocos de madeira com letras, além de lápis e papel, começava a alfabetização de Lucy.

Com isso, ela já lia e escrevia quando chegou à escola. O primeiro lugar onde Lucy estudou foi o Ginásio Perdizes, que, apesar do nome, oferecia também o curso primário (os anos a que hoje chamamos de Fundamental 1). Àquela época, a escola era dividida em quatro anos de ensino primário, mais quatro anos do chamado ginásio, quase sempre oferecidos em instituições separadas. (Curiosamente, embora o termo grego *gymnasion* se referisse tanto à atividade física como à atividade mental de jovens, no Brasil ele acabou designando o espaço físico da realização do esporte – Ginásio do Ibirapuera, Ginásio do Maracanãzinho, como nos países de língua espanhola ou de língua inglesa – e o grau escolar de quem seguiria além do ensino básico – como na Alemanha.) Nos tempos de Lucy e Zilah, o ginásio tinha uma importância incomparável com o que hoje têm os quatro anos do chamado Ensino Fundamental 2, aqueles que vão do sexto ao nono anos (para os quarentões e cinquentões, da quinta à oitava séries).

Na verdade, em tese, um aluno que tivesse cursado o primário e o ginásio estava apto a pleitear uma vaga na universidade. Faça as contas: com quatro anos de primário, iniciado aos sete anos de idade completados no primeiro semestre, mais um possível ano de admissão (como se chamava a preparação de quem iria ao ginásio) e mais quatro anos de ginásio, uma menina ou um menino de quinze anos poderiam se submeter à seleção para uma vaga na universidade.

Claro, não era tão simples assim. As raras vagas eram muito disputadas, e a estrutura educacional da época criou os chamados cursos preparatórios, que aprofundavam o que o jovem havia aprendido no ginásio e o preparava para enfrentar exames que eram completamente diferentes do nosso vestibular de hoje.

Um candidato a estudar em uma das grandes faculdades da época em que Lucy completou o ginásio precisava se submeter a exame escrito e, depois, a exame oral, ministrado por uma banca. As chamadas provas-teste, que dão ao candidato a possibilidade de escolher entre cinco alternativas a que responde a uma questão colocada, nem passavam perto dos exames vestibulares daqueles tempos. Era necessário ter domínio não apenas do conteúdo mas da língua para poder expressar corretamente um conceito, fosse escrevendo, fosse expondo oralmente. Para o exame oral, era escolhido – sorteado, muitas vezes, a partir de um cestinho de papéis dobrados – um ponto. O que era um ponto? Nada mais que um tema ligado ao curso pleiteado pelo candidato, do qual a banca tiraria questões que seriam submetidas a ele e respondidas oralmente, com apoio, se fosse o caso, do quadro-negro. Em suma: o candidato a estudante era muitas vezes obrigado a dar uma pequena aula a seus possíveis futuros professores. Isso depois de ter respondido a um exame escrito.

Tudo isso dá uma noção do quanto era importante escolher bem a escola e especialmente o ginásio onde os filhos estudariam. O sonho de consumo era o Ginásio do Estado, instituição pública e, ao contrário do que se vê hoje, disputadíssima pelos filhos da elite. O Ginásio do Estado pode ser comparado, no que se refere ao Ensino Médio, ao que hoje a USP representa para o ensino superior.

Mas Silvano, naquele momento, examinava as alternativas para decidir qual seria a escola em que matricularia a filha Lucy. Em casa, era evidente que a hora de ir para a escola já tinha chegado. Lucy e o pai adoravam brincar com aqueles cubos de madeira, compondo palavras cada vez mais complicadas. O que havia ali por perto? O que era adequado para aquela menina que já tinha se mostrado curiosa e disposta a aprender? E que tinha aprendido tanto em casa que agora queria porque queria ir à escola? Sim, havia um lugar que parecia servir tanto a Lucy quanto à expectativa que o pai mantinha para a educação das filhas. A busca cuidadosa de Silvano havia chegado a uma pequena instituição, familiar mesmo: o Ginásio Perdizes.

Foi ali, na Avenida Água Branca (hoje, Francisco Matarazzo), que Lucy encontrou um lugar que viria a atender uma quase infinita e sempre renovada curiosidade – que é o que move, desde sempre, quem tem interesse por ciência, por conhecimento. Curiosidade é simplesmente vontade de saber mais.

A chegada de Lucy ao Ginásio Perdizes se deu, na verdade, antes do que seria esperado. De fato, era necessário que o aluno completasse sete anos até junho do ano que fosse ingressar na escola, para que fosse admitido no primeiro ano do primário. Por questão de meses, ela teria de esperar até o ano seguinte. Isso fez com que o pai, de comum acordo com a diretora, a matriculasse com uma declaração que dava conta de ter a filha nascido um ano antes.

O Ginásio Perdizes era, de fato, especial. Pertencia a três irmãs, que também lecionavam ali. Dona Júlia de Almeida era a diretora, cargo que acumulava com as aulas de francês. Sua irmã Ruth era a professora de geografia. Já Olga dava aulas de desenho. O professor de ciências, Max Gevertz, foi uma figura marcante na vida de Lucy. Costumava dar aulas complementares aos sábados, sem ganhar nada para isso, de aprofundamento em temas de ciência, para os alunos que tivessem interesse. E eram vários os que o acompanhavam. Como a escola não tivesse recursos para manter um laboratório, o professor costumava improvisar. Pedia a um aluno que levasse frascos de vidro, a outro que trouxesse substâncias químicas fáceis de se obter em casa, como sal de cozinha ou o cloro em solução, a água sanitária, tão comum nas casas das famílias, e assim ia compondo suas aulas extras, que encantavam a garotada.

Com isso, Gevertz alimentava a curiosidade e o interesse científico de seus alunos. E, mais importante, mostrava na prática que adquirir conhecimento podia perfeitamente ser algo prazeroso e mesmo lúdico, e que o esforço conjunto era capaz de viabilizar algo que parecia difícil de alcançar. Numa palavra: educação.

Foi por essas e outras que a escola de dona Júlia marcou para sempre a memória não apenas de Lucy, mas de seus irmãos mais novos. Cada um a sua maneira, os filhos de Placidinha e Silvano foram fortemente influenciados pelo que passaram ali. A qualidade do ensino é lembrada hoje tanto por Lucy quanto por Nicia, sua irmã seis anos mais nova, que também se dedicou à educação. E o raspa de tacho da família, o mais tarde arquiteto e herdeiro do nome do pai, Silvano, também passou por ali, cinco anos depois de Nicia. Uma linhagem bem-educada. Lucy conta que preferiu ficar na pequena instituição, mesmo quando teve a oportunidade de estudar na disputada e qualificadíssima Caetano de Campos, referência histórica da educação em São Paulo.

Sobre a qualidade do aprendizado na pequena escola de bairro, basta dizer que Lucy e Zilah seguiram de lá para carreiras acadêmicas e profissionais de primeira linha, na época em que o ingresso à Universidade de São Paulo era duro, criteriosamente peneirado por um exame escrito e um exame oral. Eram outros tempos: se não faltavam vagas, não faltava também rigidez na seleção. Não havia aprovados excedentes, mas jamais se concedia uma vaga a um candidato abaixo de um nível mínimo de exigência. Do Ginásio Perdizes, vieram as primeiras lições para Lucy de como educar em sala de aula. Mais do que isso: de como a educação poderia ser estruturante, se levada com eficiência, dedicação e persistência.

Talvez não imaginasse como aqueles dias seriam fundamentais para ela na prática. Não importa, os princípios estavam ali.

Os primeiros anos de uma família

A vida da família Wendel, nos primeiros anos, não era fácil. Moravam em casa de aluguel, primeiro na Rua Haddock Lobo, no bairro de Cerqueira César, onde nasceu Zilah, em 1926. Logo que Nicia nasceu, em 1930, o casal se mudou para uma casa em Perdizes, na Rua Capitão Messias. Nessa época, Placidinha teve um lampejo de vida profissional fora do lar. O doutor Sayão não havia tido em São João da Boa Vista o mesmo sucesso que tinha em Avaré, e acabou decidindo se mudar para a capital, onde teria mais oportunidades de obter novos clientes e reavivar seu consultório. Além disso, dona Placídia, mãe de Placidinha, vivia um momento pessoal difícil, muito tenso, algo que se atribuía aos desconfortos da menopausa. Em São Paulo, mãe e filha ficariam mais próximas, ao mesmo tempo em que o doutor Sayão teria nesta uma auxiliar de total confiança. Tudo somado, mais o potencial de nova clientela que a capital oferecia, fez a decisão da mudança fácil e, assim, Placidinha se tornou uma espécie de braço direito do pai.

O período do casal em Perdizes não foi longo. Já com três filhas, Nicia ainda um bebê, mudaram-se para a Lapa, desta vez para a Rua Pio XI.

Jamais tiveram carro, como gosta de destacar Lucy, para comparar com os padrões de classe média que viriam mais tarde. O ônibus e o bonde eram o transporte da família, que o pai usava para ir trabalhar, a mãe usava para eventuais tarefas da casa e os filhos, mais tarde, usariam para ir à escola e à universidade.

Silvano Wendel era um homem que encantava os mais próximos. Há quem diga que filho de pai forte e muito extrovertido tem a sina de ser tímido e introvertido. Não era o caso ali. Silvano sempre foi um homem que dizia bom-dia, com um sorriso a quem encontrasse pela vizinhança, tornando-se logo uma pessoa conhecida e querida por onde andasse. Recebeu do pai o talento para línguas – sabe-se lá como, já que o tempo que o velho Guilherme Wendel tinha para ensinar era escasso – e, como ele, lia livros e revistas de várias origens e falava lá seus bons pares de idiomas.

Durante muitos anos Silvano dividiu sua trajetória profissional com a do pai. Em quase todas as incursões da Comissão Geográfica e Geológica, ele estava presente exercendo sua função de agrimensor e o grande talento para elaborar mapas complexos. Ainda assim, tinha seu porto seguro na capital, com Placidinha e, no correr do tempo, com os filhos que viriam.

Placidinha parecia ser mais atenta do que o marido, apesar (ou por causa?) da vida contida que o pai lhe havia imposto e da origem na pequena cidade do interior paulista. É comum até hoje ouvir na família narrativas sobre seu grande talento comercial.

De porte pequeno, ainda mais se comparado com o do marido, de origem e compleição nórdicas, tinha grande facilidade de comunicação, que exercia sempre que podia, e com grande fluência.

O contraste que esse perfil expansivo tinha com o de uma típica filha de família tradicionalista, que reservava à mulher um papel quase servil, devia ser pesado. Na relação com as filhas, o fato de ter se casado com um homem de cultura mais liberal e igualitária parece ter ajudado Placidinha a encontrar um equilíbrio na educação das meninas (o filho, caçula temporão e único homem, seria um caso à parte, com as pequenas regalias que casos assim quase exigem). As meninas tinham acesso e estímulo ao conhecimento, ao contrário do que se passava na casa do doutor Sayão, ao mesmo tempo em que tinham à mão – e como aproveitaram! – as habilidades nas artes domésticas, principalmente bordados e costuras, que a mãe tinha de sobra a oferecer. Lucy é até hoje uma exímia tricoteira. Assim, ela e suas irmãs, Zilah e Nicia, se jamais foram obrigadas a se ocupar de linhas e agulhas, panelas e fôrmas, temperos e fermentos, também nunca tiveram sonegado farto acesso a esse conhecimento. Prova disso, hoje, são as maravilhas tricotadas por Lucy para netos e bisnetos, os bordados (e também o tricô, vale lembrar) arquitetados por Nicia. E que não se esqueçam, também, as habilidades culinárias que Zilah somava ao talento para as artes de tecer.

Essa espécie de encontro entre uma cultura tradicionalmente menos afeita à discriminação por gênero, como a da família de Silvano, e uma mulher que tinha sentido na pele as imposições de uma cultura absolutamente discriminatória e machista deu bons resultados para os filhos. Lucy descreve que, crianças, ela e os irmãos tinham uma vida bastante livre e autônoma. Brincar na rua era rotina. Muito cedo os irmãos aprenderam a se mover pela cidade sem precisar dos pais, e ir à escola usando ônibus e bonde logo se tornou parte da vida.

Autonomia: e não é essa a meta de quem educa?

A casa, enfim

A mudança para a casa própria foi um momento marcante para a família Wendel. Uma importante incorporadora de São Paulo, a Companhia Iniciadora Predial, do engenheiro Ricardo Severo, havia tido grande sucesso em dois empreendimentos imobiliários na capital, os loteamentos do Pacaembu e da Vila Mariana. Severo decidiu replicar a fórmula em outra nova frente de expansão da cidade, o bairro da Lapa. São Paulo vivia mais um de seus ciclos explosivos de crescimento (entre 1920 e 1940, a população paulistana aumentaria de 579 mil habitantes para 1,3 milhão, uma expansão de 225%), e novos bairros iam surgindo a galope. Para tornar o empreendimento mais atraente aos potenciais compradores, repetiu-se a estratégia comercial dos dois primeiros, tão bem-sucedidos: além de implantar a estrutura básica de arruamento, água, esgoto e eletricidade, seriam construídas casas em alguns dos terrenos, para torná-los mais atrativos. Para isso, chamou para a nova empreitada o mesmo arquiteto que tinha feito o trabalho nos dois loteamentos anteriores: Gregori Warchavchik.

Warchavchik foi um dos pioneiros da arquitetura modernista no Brasil. Nascido na Ucrânia e formado no Instituto Superior de Belas-Artes, em Roma, chegou ao país ainda na primeira metade da década de 1920. Trazia consigo o arrojo da arquitetura modernista, que aflorava na Europa e ainda era tão pouco conhecida por aqui. Tornou-se referência. A crônica da arquitetura paulistana conta que a concepção estética e projetual de Warchavchik era tão ousada para a época que, na hora de aprovar na prefeitura o projeto de sua própria casa, encheu o desenho da fachada de adornos e adereços, para que os técnicos lhe dessem o aval. Ao fim da obra, alegou falta de recursos e eliminou os pendurincalhos. Essa obra, aliás, ao contrário do que acontece nessa autofágica cidade de São Paulo, resistiu ao tempo, e continua em pé, na Vila Mariana. É a conhecida Casa Modernista da Rua Santa Cruz.

Mas mesmo com a repetição da fórmula bem-sucedida antes, as vendas do empreendimento da Lapa não decolaram conforme o esperado. Bem relacionado que era, Severo logo conseguiu apoio do governo do estado para vender os lotes a funcionários públicos, por meio de uma linha de crédito especial. Nessa época, Silvano já estava trabalhando no governo, e não desperdiçou a chance. Poderia, com seu salário, dar um passo importante para o bem-estar da família, agora já maior. Tomou coragem, contratou o financiamento e, com ele, adquiriu não apenas um simples lote, mas um daqueles que já vinham com a casa construída. Assim, a família mudou-se da casa de aluguel em que morava para uma casa própria – e assinada por alguém que viria a ser um dos maiores nomes da história da arquitetura modernista no Brasil.

Mas o bom momento não parou por aí. Para dar um empurrão nas vendas, a Companhia mandou colocar uma enorme placa junto do loteamento – dessas que hoje chamaríamos de outdoor – anunciando os terrenos. Como a casa dos Sayão-Wendel era uma das primeiras a ser ocupadas, foi justamente no terreno ao lado que a peça de propaganda foi instalada. Resultado: a campainha de Placidinha começou a tocar com insistência, invariavelmente por pessoas interessadas em saber detalhes sobre aqueles terrenos que a publicidade ali ao lado tão bem vendia.

E o que seria, para uma dona de casa comum, um transtorno, para Placidinha logo se transformou em oportunidade. Ela fez com que Silvano procurasse o encarregado pela comercialização do loteamento e propusesse um acordo: ela receberia a todos os que batessem a casa por informações sobre os terrenos e conduziria o primeiro esforço de venda. Apresentaria lotes aos interessados, mostraria a própria casa como exemplo de ocupação, exporia as inúmeras qualidades do novo bairro e as vantagens de ter um lote ali. A cada venda feita a um cliente trazido por Placidinha e Silvano corresponderia, como comissão, um abatimento no que eles deviam à Companhia Iniciadora Predial.

O melhor é que, com as relativas dificuldades que o empreendedor estava tendo em vender os terrenos, apareceu para Silvano uma oportunidade irresistível: ele compraria o lote vizinho a sua casa e pagaria em suaves prestações, mas com uma condição especial: poderia seguir usando os *sales leads* (o termo bonito que os cientistas do comércio usam para chamar a oportunidade de venda gerada) como moeda de troca. Cada vez que apresentasse um potencial comprador e os incorporadores fechassem negócio com ele, seria abatido um certo número de parcelas também da nova dívida.

Juntando o bom relacionamento de Silvano com seus colegas funcionários públicos ao especial talento de Placidinha para vender a quem quer que batesse à porta, a empreitada imobiliária do casal deu ótimos resultados. Ele tinha contato diário com o público-alvo, os funcionários do Estado, e ela tinha grande tino e talento para comércio. Não havia encontro entre amigos, ou mesmo entre pessoas a quem mal conhecia, em que ela não percebesse uma oportunidade de oferecer um lindo lote. Não um lote: um lindo lote. O impacto dessa combinação *hard sell-soft sell* foi inegavelmente positivo para o orçamento da família e a construção de seu patrimônio, modesto mas digno.

Pouco tempo depois, os esforços do casal permitiram que construíssem também no segundo lote. Ambas as casas resistiram bravamente ao crescimento da cidade e estão ali até hoje.

O tempo vinha cuidando de desmoralizar aquela previsão pessimista do médico carioca que havia vaticinado a esterilidade de Placídia. Depois de Lucy e Zilah, havia chegado Nicia, já na segunda casa alugada pela família. Aparentemente, estava encerrada a prole, e os Wendel então iriam cuidar das novas atribuições que a casa nova iria exigir. Mas essa mudança trouxe, atrás de si, mais uma: cinco anos depois, o casal teve seu filho temporão, o primeiro homem depois de quatro mulheres. Recebeu o nome do pai, seguindo ali uma linhagem de Silvanos que nem o transeunte argentino que havia inspirado Guilherme Wendel poderia imaginar.

Uma noite afinada

– Vocês vão conhecer a Bidu Sayão.

Com essa notícia e um vestido nas mãos daqueles que Lucy só usava em dias de festa, Placidinha entrou no quarto para dar a insólita notícia às filhas mais velhas, Lucy e Zilah. Conhecer uma estrela internacional, como sabiam ser a prima de sua mãe, não era um acontecimento comezinho. A soprano Bidu Sayão era, de longe, a mais consagrada cantora lírica brasileira, que naquele momento estava no auge de sua carreira internacional, iniciada ainda na década anterior.

Os pais de Bidu e de Placidinha eram primos, e isso era motivo de grande orgulho para a família. Nascida em Itaguaí, Bidu – que nascera Balduína de Oliveira Sayão e herdara o apelido da mãe – logo havia se mudado para a capital da República. No Rio de Janeiro, muito cedo se interessou pelo teatro, mas, como se sabe, essa não era atividade bem-vista para o conceito de moça de boa família daquela época. Instrumentista musical ou cantora lírica eram outros quinhentos.

A solução foi a ópera, que unia a nobreza da música erudita com a arte cênica, que tanto atraía a menina. Com treze anos de idade, começou a estudar canto lírico com uma professora romena radicada no Rio, a soprano Elena Teodorini. Foi uma ligação mágica. A pequena Bidu começou a arrancar elogios onde se apresentasse. Estreou ainda no Rio de Janeiro, aos dezoito anos de idade, como soprano na peça *Lucia de Lammermoor*, de Gaetano Donizetti, levada no Municipal.

Sua carreira internacional foi impulsionada por Teodorini, que a levou, em 1920, a Bucareste, capital de sua terra natal, para acompanhá-la em um recital em homenagem aos príncipes do Japão, que seriam recebidos pela rainha da Romênia. A partir daí, Bidu cada vez mais foi se tornando figura do mundo. Em Paris, teve aulas com o tenor Jean de Reszke e finalmente, em 1926, teve sua estreia europeia, em Roma, quando fez o soprano principal em *O Barbeiro de Sevilha*, no Teatro Constanzi. A essa época, já estava recém-casada com o empresário italiano Walter Mocchi, que trazia companhias da Europa aos Municipais de São Paulo e do Rio e que acabaria por ser também seu empresário.

Em pouco tempo, Bidu era um sucesso de público, crítica e – não menos importante – de finanças. Uma nota no *Correio Paulistano*, que anuncia uma vinda sua ao Brasil, dá conta de que o fisco brasileiro renunciava a cobrar impostos sobre um carro Chrysler de sua propriedade. Ter um carro próprio, para uma mulher, àquela época, já era um sinal não apenas de riqueza, como de independência. Trazê-lo de navio, de um lado ao outro do mundo, já invadia o campo da excentricidade.

Era esse sucesso internacional, a quem a própria Carmen Miranda atribuía, com modéstia, a condição de verdadeira representante internacional da música do Brasil, no lugar dela própria, que Placidinha queria ver cantar no Municipal. Mas se engana quem acha que isso era um acesso tardio de tietagem juvenil ou mero amor a celebridades. Placídia Sayão Wendel tinha verdadeiro amor pela música, e seguiria apreciando ópera, a ponto de decifrar libretos sem aparentemente falar uma segunda língua, ao longo de sua vida – mais ainda quando o tempo e as circunstâncias lhe concederam independência suficiente para juntar à vida de dona de casa a de comerciante. Mas isso ainda demoraria algum tempo.

Naquele momento, ela queria duas entradas para ver a prima célebre cantar no Municipal. Embora não se vissem há muito tempo, havia um afeto entre as primas. Não é possível saber exatamente como, mas provavelmente por carta, Placidinha procurou Bidu e recebeu uma resposta positiva quanto à possibilidade de vê-la. Mais ainda, como sua convidada. Para isso, deveria apanhar os ingressos em um dia determinado, no teatro. Lucy, então com onze anos, uma pré-adolescente magra e bonita, e a irmã dois anos mais nova, Zilah, a quem a irmã mais velha achava mais bonita, ambas com a natural falta de jeito dessa fase da vida, teriam uma missão colocada pela mãe: esperar na porta do Theatro Municipal de São Paulo, numa de suas entradas laterais, a chegada da estrela da ópera, da maior cantora brasileira até então, que formaria na primeira metade do século 20 o triângulo de ouro da música erudita nacional, junto com Guiomar Novaes e Villa-Lobos. Assim que ela e seu séquito chegassem, caberia às duas sorrir, se apresentar à estrela como as filhas de Placídia e apanhar os convites prometidos. Uma tarefa de que Lucy se lembra até hoje – agora, com o humor e os riscos que o tempo permite ceder a essas situações, mas à época, com a ponta de constrangimento natural em crianças quando são mostradas como as graças que, de fato, são.

Bidu, assim que as duas pequenas primas se apresentaram a ela, tratou-as com imenso carinho e grande receptividade – com direito a fotos autografadas e com dedicatória. As irmãs saíram com os ingressos na mão. A família (os pais e as filhas mais velhas, ao menos) pôde ir ao Municipal e assistir a uma das óperas da temporada levada pela grande companhia que vinha mostrar o melhor do canto lírico no Brasil, expressado, entre outros, por sua artista mais importante.

Vale destacar que, com ela, estavam, naquela série de apresentações no Theatro Municipal, nomes como os dos tenores Tito Schipa – um dos maiores de seu tempo, o maior naqueles dias – e Bruno Landi, além do maestro Sylvio Pergilli, organizador geral da temporada, e, como seu substituto, o jovem maestro Gabriel Migliori, que viria a ser, anos mais tarde, um dos grandes músicos do cinema e da TV no Brasil, recebendo um prêmio no Festival de Cinema de Cannes pela trilha sonora de *O Cangaceiro*, do diretor Lima Barreto.*

Em uma das noites daquela temporada, que teve *Turandot*, *Werther*, *Otello*, o *Rigoletto*, a *Tosca*, *Aida*, *O Barbeiro de Sevilha* e outras tantas marcas da arte da ópera, estava lá a família Sayão-Wendel. Tudo fruto de uma ousadia característica de Placidinha e da gente de coragem que ela havia escalado para a tarefa. Isso se repetiria, mais tarde, em mais uma temporada. Mais uma vez, Lucy e Zilah ganhariam uma foto autografada. Placídia e Silvano, cadeiras na plateia. Merecidas.

---

* Fonte: https://web.archive.org/web/20160806134504/http://www.revistadehistoria.com.br/secao/retrato/a-voz-do-brasil

A curiosidade

Havia na família formada por Placidinha, Silvano e os quatro filhos uma combinação muito feliz, que gerava como subproduto uma virtude rara: a curiosidade, a vontade de conhecer o que o mundo tinha por revelar. Se em Silvano o atavismo da curiosidade parecia esperado, filho que era de um aventureiro, cientista e poliglota – talvez a mais bem-acabada descrição de um curioso –, não havia menos curiosidade em Placidinha. O que a família descreve aponta para uma criatura que, mesmo tendo a formação opressiva de uma visão limitada do papel da mulher, buscava por todos os lados escapar das imposições dessa pretensa sina. Lia o quanto podia. Era curiosa e comunicativa. Adorava música. Encantava as pessoas em volta, ao mesmo tempo em que as perscrutava e entendia quase ao primeiro olhar. O fato de ter convencido o severo pai a aceitá-la como funcionária no consultório, quando o doutor Sayão mudou-se para a capital em busca de uma clientela maior, é mostra disso.

O fato é que aquela combinação de curiosos – um europeu, filho de um audaz viajante, e uma paulista do interior, filha de um médico pacato — havia criado uma atmosfera em casa que favorecia a curiosidade. Silvano trabalhava muito, mas quando estava em casa sempre achava tempo para ler. Como o pai, falava e lia em diversas línguas, o que o fazia ter sempre um livro à mão. Placidinha não perdia as notícias de jornal e também pegava suas caronas nas estantes de livros da casa. Sabia sempre tudo o que acontecia a sua volta, no ambiente familiar, na vizinhança. Era um radar.

Não foi à toa, portanto, que os filhos do casal fossem igualmente radares de curiosidade pelo conhecimento. Lucy e Zilah aprenderam a ler em casa. Era tanta a curiosidade pelo que os adultos liam, que o pai acabou cedendo a seus pedidos de aprender a ler. Brincando com letras em cubos de madeira e com livros, logo as meninas já eram capazes de ler e escrever, o que lhes abriu um vasto campo para a curiosidade incessante.

Foi assim com Lucy, que muito novinha se fascinou pelos caminhos da matéria, pelo comportamento das substâncias químicas, que na verdade se revelavam em situações até comezinhas — bastava observar. Já sua irmã Zilah se interessava por outras vias do conhecimento: o andar da história, as questões incessantes da filosofia, as intrincadas relações que faziam compor uma sociedade. As ciências humanas, enfim, iriam atrair ao longo da vida suas curiosidades e inquietações.

No caso de Lucy, a curiosidade teve campo fértil para se desenvolver. O papel da escola básica que cursou, o cuidado com o ensino de ciências no Ginásio Perdizes, a dedicação de seu primeiro professor dessa matéria — aquele que chamava os alunos para ir além do que o currículo pedia, que os estimulava a trazer suas contribuições materiais, suas dúvidas e seu interesse — tudo isso lhe trouxe clareza no caminho que queria seguir.

Foi com prazer, e não com a sisudez de uma vocação religiosa ou o peso de um dever, que Lucy decidiu que a química seria seu caminho ao longo da vida. Não era claro, lá em seus doze ou treze anos de idade, que essa decisão traria, anos mais tarde, um casamento inseparável com aquilo que havia feito germinar sua ciência: a educação. E, sem educação, não existe ciência.

Mas há uma semente disso tudo que está na razão de descrever a trajetória vitoriosa de Lucy na educação científica: como cultivar e multiplicar, em nossos filhos, alunos, afilhados, amigos, esse germe de energia que se chama curiosidade? Sem ela, não se aprende sequer a ler.

Talvez como uma espécie de "*spoiler*" eu deva contar aqui, antes da hora e desrespeitando a cronologia (mas por uma boa causa, paciente leitor): Lucy, depois de se aposentar, manteve em casa, durante anos, kits de experiências químicas para mostrar aos netos, aos amigos dos netos e às crianças que aparecessem por perto os prodígios de certas reações fáceis de obter com ingredientes caseiros e equipamentos muito básicos. Aquilo, na verdade, era um cultivador de curiosidade. A cada criança que visse uma solução qualquer, transparente, tornar-se vermelha pelo simples pingar de uma gota e perguntasse "por quê?" haveria um caminho de continuação da ciência – essa que não é mais do que a intensa e dedicada troca de curiosidades e seus desvendamentos.

Curiosidade: essa foi a matéria-prima que produziu a ciência. Foi exatamente ela que Placídia e Silvano Wendel cultivaram em casa, cada um a sua maneira, e que gerou ali a energia do conhecimento – com o perdão, aqui, da imprecisão científica do uso da palavra "energia".

Um amor que duraria

A Praça Coronel Fernando Prestes, no bairro do Bom Retiro, em São Paulo, era dominada pela Escola Politécnica. Seu prédio principal, construído em estilo neoclássico, projetado pelo escritório Ramos de Azevedo (o onipresente escritório que projetou dezenas de grandes edificações e monumentos na cidade), e os outros que compõem o conjunto foram durante décadas, em São Paulo, o centro dos saberes em engenharia e ciências exatas aplicadas.

Era ali que Lucy queria estudar. Era ali, portanto, em um dos prédios do complexo, que fazia seu curso preparatório para a Escola Politécnica. Naquela época, ainda não havia o curso intermediário entre o ginásio e a faculdade, o antigo científico, depois colegial, mais tarde, segundo grau e, finalmente, Ensino Médio (não estará errando quem suspeitar que tantas mudanças em tão poucas décadas tenham a ver com nossos problemas crônicos de qualidade do ensino). Os estudantes cumpriam seu tempo de ginásio e estavam aptos a se submeter aos duros exames para o ingresso na universidade. Ocorre que esses exames incluíam provas dissertativas e orais não somente sobre assuntos diretamente ligados ao currículo da faculdade, como também sobre temas mais amplos, dentro da área de conhecimento científico exigido para o exercício futuro das atividades relacionadas ao curso. Assim, só por milagre ou genialidade alguém conseguia sair do ginásio diretamente para a universidade. Era preciso trilhar o caminho dos cursos preparatórios, como esse que Lucy agora começava.

Era uma das pouquíssimas mulheres por ali. Mas isso era previsível, e não foi problema para ela, que sabia o que queria. Seu contato com a química, nos tempos do professor Max Gevertz, que lhe havia dado as primeiras noções em aulas extras no Ginásio Perdizes, tinha já feito sua cabeça: ia estudar engenharia química para levar adiante o que tinha aprendido em condições materiais quase precárias, mas tão ricas do ponto de vista do domínio da ciência e da educação, por parte dos professores e dos diretores da pequena escola de bairro.

Entrar no preparatório da Poli foi uma mudança de vida para Lucy. Ela agora saía do ambiente de colégio para definir um ofício, uma especialidade, uma profissão. Embora não tivesse clareza absoluta sobre o que faria depois de formada, tinha certeza sobre em que iria se formar: química. Engenharia química.

No preparatório, já pôde sentir que sua carreira não teria caminhos fáceis. Além de um conteúdo bastante denso e amplo no campo das ciências exatas e da dificuldade mais prosaica, de acesso à escola – da Lapa, onde morava, até o Bom Retiro, era preciso tomar um bonde até a Praça do Correio, depois um ônibus até a Rua Três Rios e ainda caminhar umas tantas quadras, numa viagem que, somando ida e volta, consumia bem umas duas horas diárias –, havia uma condição que era o sinal daqueles tempos:

Lucy era a única mulher de sua sala. Havia ainda um estranhamento do senso comum à época quanto à ideia de que se pudesse dar um título de graduação em engenharia para uma mulher. "Engenheira", embora perfeita no léxico, era palavra exótica para o Brasil de 1940.

Lucy sempre teve um sorriso aberto para enfrentar as pequenas e as grandes dificuldades da vida. Não era diferente ali na Praça Coronel Fernando Prestes, na imponente Escola Politécnica. A esse sorriso, fazia acompanhar uma severidade que, combinada ao corpo *mignon* herdado da mãe, lhe conferia uma presença peculiar, que ao mesmo tempo a protegia, demarcando território para a sobrevivência da futura engenheira química naquele mundo de só engenheiros, e gerava grande empatia entre os colegas.

Na flor da juventude, aos dezesseis anos de idade, bonita e com personalidade marcante, não tardaria a que algum dos muitos rapazes que circulavam pela bela praça do Bom Retiro lhe viesse fazer a corte. Como sempre acontece nessa fase da vida (e os homens todos se lembram, com alguma frustração pairando na memória), as mulheres de dezesseis anos já são mulheres, física, psicológica e emocionalmente, enquanto os homens de dezesseis anos são ainda meninos. Vai daí que, entre tantos olhares, algumas insinuações e um ou outro galanteio, um dia apareceu alguém que parecia diferente. Não só isso. Alguém que parecia interessante. Não – mais. Alguém que balançou aquele coração.

Ali na praça, sob o olhar das colunas e capitéis do Ramos de Azevedo, começava a história de Lucy com o homem que seria o grande amor de sua vida: Virgílio Isoldi, um aluno do segundo ano da Politécnica que, ao que diria a memória da época, era um pedaço.

Virgílio era um homem com boa parte dos requisitos necessários para encantar uma mulher. Alto, bonito, inteligente, culto e com o que hoje chamaríamos de "atitude", não escondia suas posições progressistas, o que também fascinava Lucy. Afinal, até por legado familiar, ela compartilhava uma visão de mundo mais arejada do que aquela então corrente na São Paulo ainda provinciana e em alguma medida saudosa dos tempos da escravidão. Eram também tempos de fascínio com a utopia dos socialismos, quando o inimigo comum era o fascismo, principalmente em sua forma mais cruel, o nazismo. O mundo ainda não tinha clareza sobre as atrocidades cometidas sob o regime soviético e os desvios do que se viria chamar mais tarde de "socialismo real".

A diferença entre Virgílio e Lucy nesse campo era a intensidade do envolvimento político. Naquela década em ebulição, ele viria a se filiar ao velho Partido Comunista Brasileiro, como ocorreria com tantos nomes importantes da ciência, da literatura e das artes no Brasil.

Começava ali um grande amor. Mas na verdade começaria, para Lucy, um outro grande amor, talvez o maior deles, associado ao primeiro. E justo na fila do cinema.

Lucy e Virgílio saíam juntos sempre que possível. Os encontros acabavam acontecendo no centro da cidade. A distância entre as casas dos dois não era pequena – ele morava na zona Sul da cidade, no que era ainda o município de Santo Amaro, e ela na zona Oeste, na Lapa – e o centro era ainda o lugar da cidade em que as coisas aconteciam. Ali estavam os teatros, os restaurantes, os cinemas. Como o orçamento do casal era curto, o cinema era a escolha natural dos dois.

Naquele início de 1940, havia um motivo especial para escolher ir ao cinema. No primeiro dia daquele ano, aconteceu a estreia, em São Paulo, de um dos maiores sucessos de Hollywood, seguramente o maior do ano anterior: o longa ... *E o vento levou*, superprodução de David Selznick estrelada por Clark Gable e Olivia de Havilland e dirigida por Victor Fleming. Era o *blockbuster* daquele ano.

Foi justamente na longa fila de ... *E o vento levou* que os rumos acadêmicos e profissionais de Lucy começaram a tomar uma direção mais definida. Enquanto esperavam para chegar à bilheteria, tomou lugar atrás deles um outro casal. Passou algum tempo (nas filas, segundos transformam-se facilmente em minutos e estes em horas) até que Lucy olhou para trás e reconheceu imediatamente o homem do casal. Era, naquele momento, uma figura já conhecida no mundo cultural de São Paulo: o crítico de arte Lourival Gomes Machado. Homem respeitado tanto no meio acadêmico quanto na imprensa –, era àquela altura crítico de arte no jornal *O Estado de S. Paulo* – Machado tinha sido professor de português de Lucy e de Zilah no Ginásio Perdizes. Naqueles dias, já estava dando aulas e fazendo pesquisa na Universidade de São Paulo. Havia sido das primeiras turmas da Faculdade de Filosofia, Ciências e Letras, onde, depois de ter sido assistente do renomado professor Arbousse-Bastide, agora já estava em vias de defender seu doutorado.

Simpático, logo quis saber de Lucy o que aquela jovem ex-aluna pensava da vida naquele momento, que caminhos seguiria.

Ela, com um orgulho contido, um quase peito cheio, contou:
– Engenharia química!
Machado quis saber por que ela havia escolhido algo tão atípico. Lucy lhe contou de sua paixão antiga pela química, que agora ela veria ser materializada numa carreira. O sempre professor insistiu:
– Mas é engenharia ou química o que você quer?
Lucy ficou confusa por uma fração de segundos, mas logo deixou claro que o que queria era química.
– Então você deve procurar a Faculdade de Filosofia, Ciências e Letras. Lá tem o que você quer, química pura.
Em poucos minutos, Lucy entendeu que poderia se formar na ciência química sem precisar de tudo o que a engenharia traria para tomar seu tempo e sua curiosidade.
"Química pura!", pensou – e não parou de pensar nos dias seguintes.
Aquela conversa mudou a vida de Lucy. Na fila do cinema, foi de repente apresentada a seu outro amor, este o mais duradouro: a química pura.

A química e os químicos da FFCL

Depois da descoberta na fila do cinema, Lucy foi atrás daquela escola que seu ex-professor havia recomendado tão vivamente e ela, de forma igualmente viva, havia comprado como seu destino acadêmico. Era mesmo algo que parecia jovem e estimulante.

A Faculdade de Filosofia, Ciências e Letras da Universidade de São Paulo havia sido fundada poucos anos antes, em 1934, logo depois da própria universidade. Na verdade, a FFCL era uma espécie de elemento de ligação, a instituição encarregada da ciência pura, da filosofia, da língua – ou seja, da base que daria consistência e coesão às demais unidades. Claro, não chegou a causar espanto a ninguém a base surgir depois de seus ramos, muito menos a precariedade inicial com que foi instalada. Estávamos já em um país que não seguia exatamente a ordem aparentemente lógica das coisas.

Assim, em seus primeiros anos, a FFCL funcionou em salas cedidas pela Faculdade de Medicina, que tinha, dentre as unidades da capital integradas à nova universidade, o prédio mais generoso em espaço físico. Na verdade, a faculdade era composta de dois grandes edifícios em estilo eclético, projetados pelo onipresente escritório Ramos de Azevedo a partir de critérios definidos pelos médicos Ernesto de Sousa Campos, Luís de Resende Puech e Benedito Montenegro, e financiados, em grande parte, por recursos da Fundação Rockefeller. Rezava a lenda que o biliardário do petróleo John D. Rockefeller, o homem mais rico do mundo em seu tempo, acometido, já maduro, de alopecia, uma séria doença de pele que provoca a queda dos pelos de todo o corpo, havia decidido, por conta desse problema, financiar escolas de medicina mundo afora. Da fartura do petróleo, algumas salas sobraram ali para a incipiente FFCL.

Essa precariedade durou pouco. Em 1937, o governo de São Paulo comprou, de uma companhia de seguros, um palacete no bairro dos Campos Elíseos para acomodar a faculdade. Localizado na Alameda Glete, esquina com Rua Guaianases, o casarão era a antiga residência do empresário Jorge Street, magnata dos tecidos no Rio de Janeiro e em São Paulo que havia quebrado com a crise de 1929.

A casa acomodava muito bem as demandas da unidade da ciência pura da USP. Logo que foi comprada, passou pelas adaptações necessárias para a atividade universitária e, já no final de 1937, recebeu os departamentos de Filosofia e de História e Geografia. Logo depois, chegaram Biologia e Geologia – esta seria a que mais tempo ficaria ali, no espaço da antiga mansarda dos Street. A Química receberia um edifício novo, de três andares, construído em área vazia contígua à casa.

Foi nesse edifício que Lucy estudou. O conjunto todo era chamado de "A Figueira", por conta de uma grande árvore dessa espécie que tomava um dos lados da casa, que dava para a Rua Guaianases. Essa figueira, aliás, continua ali, no mesmo lugar, improvável sobrevivente da sanha imobiliária que anos depois fez demolir o velho casarão, substituído por um prosaico estacionamento, que espera a melhor hora para fazer subir no lugar mais um prédio comum, mais um epitáfio habitado de um capítulo da história de São Paulo. Junto à árvore centenária, um pedaço do muro da antiga FFCL sobreviveu, esquecido ou poupado por uma marreta generosa. No fim de 1994, vinte anos depois da demolição do palacete Jorge Street, o patrimônio histórico estadual tombou a figueira e o que a marreta havia poupado do muro.

Foi lá, na Figueira, que Lucy teve o coroamento de sua formação científica. Ela entrou na FFCL num ano em que a faculdade aumentava seu número de alunos. Um dado curioso dessa turma é que eles se intitulavam "A Turma da Ferradura", uma homenagem às duas turmas anteriores, a quem eles atribuíam uma genialidade que só seria igualada com trabalho duro. Modéstia coletiva: o grupo de Lucy teve tantas pessoas importantes para a química em São Paulo quanto as que o antecederam. Basta comparar as listas de formandos para ver que, com Lucy, graduaram-se nomes como Ney Galvão da Silva, já citado, diretor do laboratório farmacêutico Laborterápica e um dos responsáveis pelo lançamento do primeiro medicamento à base de tetraciclina no Brasil; Geraldo Camargo de Carvalho, autor de inúmeros livros didáticos de química; Regina Schenkman, que mais tarde seguiria o rumo da psicanálise, se casaria com o professor e tradutor Boris Schnaiderman e seria uma das fundadoras do Instituto Sedes Sapientiae, e Lília Rosária Sant'Agostino, depois professora na própria FFCL.

Lucy teve em seus professores as grandes referências para sua atividade didática. Não é para menos: o grupo que a Universidade de São Paulo havia formado como base docente para o Departamento de Química era muito qualificado. A começar pelos professores alemães Heinrich Rheinboldt e Heinrich Hauptmann. Rheinboldt chegou ao Brasil em 1934 e Hauptmann, um ano depois. Saíam de uma Alemanha em que Adolph Hitler havia recentemente subido ao poder máximo, extinguindo, na prática e unilateralmente, o Tratado de Versalhes, estabelecendo um regime de partido único e em seguida promulgando as leis de supressão de direitos aos judeus da Alemanha, colocando o país no caminho que levaria à Segunda Grande Guerra e ao Holocausto.

Heinrich Rheinboldt era um homem de linhagem na química: seu avô materno, Heinrich Caro, de quem levava o nome, foi um dos fundadores da indústria química Basf. Havia sido o criador do ácido peroxossulfúrico, ou ácido de Caro, um produto de aplicações tão variadas como tratamento industrial de madeira ou polimerização de plásticos. O pai de Rheinboldt era um homem público de destaque, tendo sido ministro do grão-ducado de Baden e, depois da Primeira Grande Guerra, cônsul-geral em Zurique e depois em Liechtenstein. Mas era o avô seu grande inspirador — e a causa de sua saída da Alemanha, pela ascendência judaica.

Rheinboldt, por sua qualificação científica — aos 42 anos era chefe de departamento na Universidade de Bonn e já tinha orientado mais de trinta teses de doutorado —, poderia ter escolhido qualquer grande universidade da Europa para se transferir. Mas o convite da Universidade de São Paulo o atraiu mais do que qualquer outro, pelas possibilidades que uma instituição nova poderia abrir a ele. Veio então ao outro lado do mundo, para a terra que seria a sua pelo resto da vida, trazendo, além de seus livros, uma coleção de peças e frascos de laboratório que haviam pertencido ao avô. Essa pequena coleção está hoje guardada no Instituto de Química da USP, na Cidade Universitária.

Um ano depois, por influência de Rheinboldt, chegou à FFCL o professor Heinrich Hauptmann, vindo da Suíça, onde estava já exilado, por conta da legislação arbitrária e discriminatória contra os judeus, que já ia se transformando nas práticas terríveis que vieram a se generalizar na Alemanha e em países ocupados poucos anos depois. Vinha para ser assistente e braço direito de Rheinboldt. Enquanto este era um homem contido e metódico, quase tímido, seu novo assistente era mais extrovertido, se dedicava à atividade física e, em certo momento de sua estada no Brasil, acabou se naturalizando brasileiro e chegou até a fazer o serviço militar.

Rheinboldt se dedicou à química geral e Hauptmann, à química orgânica.

Um professor que também marcou Lucy nos tempos de FFCL foi Paschoal Senise, um jovem docente formado pela primeira turma da própria faculdade, portanto apenas poucos anos mais velho do que ela e sua classe.

Paschoal Senise foi um desses casos em que o acaso leva uma carreira adiante. Filho de família italiana de posses – o pai era industrial –, Senise queria ser médico. Era um jovem estudioso e dedicado, o que apontava para o desfecho esperado: faria os duros exames para a Faculdade de Medicina e lá seguiria sua carreira. Mas, naqueles tempos, os exames não eram fáceis, como já vimos aqui. Ainda com dezoito anos, decidiu tentar uma empreitada anterior ao dificílimo vestibular para a Pinheiros e prestar exame para outro curso. Assim, teria tempo para entender melhor que rumo tomaria e não ficaria eternamente nos preparatórios.

A escolha recaiu sobre o curso de Química, recém-instituído na Faculdade de Filosofia, Ciências e Letras, esta também recente, criada um ano antes, em 1934, junto com a fundação da Universidade de São Paulo. Bastou entrar no curso e ter os primeiros contatos com o professor Rheinboldt para mudar completamente seu caminho acadêmico: ele passaria necessariamente pela química pura. Senise tornou-se um aluno aplicadíssimo, a ponto de se graduar em apenas três anos – dos cerca de quarenta alunos da turma, apenas quatro conseguiram essa proeza. No ano seguinte, ainda antes de completar 22 anos, é convidado por Rheinboldt para ser seu assistente. No mesmo ano, começa os estudos para seu doutorado, que vem a obter aos 28 anos, com a tese *Sobre a natureza dos ácidos coleicos*.

Como professor, Senise seguia uma linha que pode ser atribuída tanto à tradição alemã quanto à tradição clássica: valia-se de colóquios com os alunos nos quais promovia a discussão sobre os resultados de experiências em laboratório e a teoria compartilhada ao longo do curso. Quem teve aulas de química com Lucy pôde reconhecer com clareza a influência dessa forma de pensar a transmissão do conhecimento, mais baseada no compartilhamento e na dedução do que na imposição e na memória.

Foi principalmente de Hauptmann e Senise que Lucy tirou as lições que foram essenciais para sua própria didática. E quem passou por uma sala de aula com ela sabe o que isso significa.

Aliás, este perfil busca também descrever um pouco a pedagogia de Lucy. Mas vale dizer que isso é algo que merece um estudo mais profundo de algum pensador da educação em busca da resposta à pergunta que permanece: o que faz de um professor um verdadeiro educador? Lucy jamais escreveu um trabalho sobre sua pedagogia, talvez por ser a química seu grande interesse, e não o método de ensino. Mas neste ela foi tão importante quanto naquela.

Vale lembrar alguns aspectos dessa pedagogia da química. O primeiro ponto que aqui deve ser lembrado (leigamente, já que o autor segue leigo, portanto superficial) é o de uma formulação pedagógica engenhosa, baseada na própria evolução da ciência química. Lucy começava a ensinar química a partir dos primeiros modelos atômicos. Esgotava suas possibilidades construindo a próxima. Tudo ficava ao alcance da razão, sem fórmulas mágicas e sem a imposição de conceitos que fossem complexos demais para aquele determinado momento do aprendizado. Assim era possível, por exemplo, preparar um aluno de ciências humanas para um bom conhecimento de química básica, sem sofrimento – e, em certos casos, com desempenho semelhante ao de um colega das ciências exatas.

A partir daí, ela ia introduzindo os modelos mais complexos, sem muita cerimônia, logo mostrando que eles saíam dos modelos anteriores e alicerçados nos erros antes encontrados. Na verdade, lembrando Piaget, sabemos que um modelo serve até o momento em que apareça uma contradição interna, uma situação que ele não resolve ou que o contradiz – aí, deve ser trocado. Lucy seguia exatamente esse caminho. Com isso, dispensavam-se fórmulas a decorar, dispensavam-se tensões desnecessárias – e talvez se estabelecessem tensões novas, mas definitivamente construtivas.

Era certamente lembrando o modelo pedagógico a que tinha tido acesso na FFCL que Lucy tinha sempre na ponta da língua a resposta que muitos alunos seus ouviram a partir da pergunta recorrente: "Lucy, o que vai cair na prova?". Carinhosamente, vinha, numa palavra só: "Tudo".

O belo inquieto

A história de Lucy na FFCL haveria de ter uma interrupção algo longa. Mas era isso o que ela queria acima de tudo naquele momento. Optou por terminar a faculdade apenas com o título do bacharelado porque tinha um projeto de vida que fazia valer a pena não buscar uma titulação mais graúda ali, mesmo sendo a FFCL uma instituição inovadora, e o Departamento de Química, o celeiro dos principais profissionais da área no Brasil e até no subcontinente.

Lucy trocou todas as possibilidades que lhe apareciam, naquele 1945, pelo casamento com Virgílio. A mulher apaixonada e a mulher racional se uniram (ou aquela suplantou a esta, caberá ao leitor a conclusão, aqui, mais tarde).

Foi um casamento sem grandes pompas, mas pode-se dizer que não faltou festa. Não se faziam casamentos como os de hoje, com festas cheias de novidades, bufês contratados, salões alugados, pequenas orquestras. Não, era tudo muito mais caseiro, ao menos no universo da classe média, mais conectada com a vida real.

Como vimos antes, todo o enxoval – peças de cama e mesa e até camisolas e *pegnoirs* – tinha sido feito em casa, quase todo ele costurado e bordado diretamente por Placidinha, com participação de Zilah e Nicia. Era parte da tradição das famílias esse preparo lento e carinhoso.

Naquela época, era comum se fazer o casamento civil e o religioso em dias separados. Assim, o casamento civil foi celebrado no cartório da Lapa em uma tarde, e depois seguido de uma visita para um café na casa dos avós maternos de Lucy.

No dia seguinte, a cerimônia religiosa foi realizada na Igreja de Santa Cecília, no largo do mesmo nome, centro de São Paulo. Hoje espremidos pelo famigerado Minhocão, a igreja e o largo formavam à época um conjunto harmônico, quase interiorano, não fosse pelo tamanho da edificação, um pouco maior do que as capelas das pequenas cidades do estado. Casaram-se às cinco da tarde, numa época em que não fazia parte do rito atrasar-se e fazer os convidados esperarem por quase uma hora. Os casamentos das cinco da tarde costumavam ocorrer às cinco da tarde. No máximo se aceitavam bem quinze minutos de atraso.

Realizada a cerimônia, feitos os cumprimentos aos noivos ali mesmo nas instalações do templo, os noivos e os convidados mais próximos se reuniram para uma pequena festa na casa da Rua Gomes Freire. Ali, a sala maior foi preparada com uma mesa comprida que acomodaria os doces e os salgados e traria um adorno diferente, bem no centro. O avô de Lucy, o velho e incansável Guilherme Wendel, àquela altura vivendo em Santos, fez questão de comparecer ao casamento. Afinal, Lucy era a primeira neta dele a se casar. Nada o faria perder aquela celebração. Teve então a ideia de prestar uma homenagem ao país que havia deixado quatro décadas antes para adotar esta terra como sua. Mandou fazer, com flores arranjadas em um suporte de vidro, à forma de uma bandeja retangular, uma bandeira da Dinamarca, a famosa Dannebrog, com seu fundo vermelho cruzado por duas faixas brancas, uma horizontal e outra vertical, formando uma cruz com a haste vertical deslocada para a esquerda. Depois de preparada, a peça foi colocada bem no centro da mesa posta na sala maior da casa.

E ali correu a comemoração simples e alegre daquelas duas famílias que se uniam por muito mais tempo que os laços formais ali cerrados.

Os primeiros anos de casamento de Lucy foram felizes como ela imaginava que seriam. Virgílio era mais que um marido, que um namorado, que o homem por quem ela se apaixonara. Era, antes de tudo, um amigo. Seu melhor amigo.

Dois clichês ao se descrever um homem de sangue italiano são a galanteria e a impulsividade. Pois aquele homem alto e bonito, de rosto talhado, romano nos traços, tinha esses atributos sobrando. Somando a isso uma inteligência invulgar, a uma inquietação inata e ao romantismo quase capa e espada que caracterizava um militante comunista naquele momento da história, compunha-se uma figura entre o galante e o excêntrico – tudo com fartura.

O pai de Virgílio, Giuseppe Dante, que a família a vida toda chamou de Dante, tinha vindo da Itália fugindo da ameaça fascista, que já delineava a violência que mais tarde se estabeleceria como regra de Estado. Homem de esquerda, de família de posses na pequena vila de Polla, na província de Salerno, sabia que mais cedo ou mais tarde iria ser perseguido pelo regime. Como muitos de seu patrícios, atravessou o Atlântico e veio parar no Brasil, e aqui se estabeleceu.

Logo ficou amigo de boa parte da elite paulistana, convivendo entre intelectuais, homens de negócios, lideranças políticas, artistas e arquitetos. Porém, não demorou para que os ventos do fascismo começassem a soprar por aqui. Com Getúlio assumindo o poder e, mais tarde, instalando a ditadura do Estado Novo, com escancarada inspiração fascista, Dante se viu novamente sob a ameaça que o fizera trocar a Europa pelo Novo Mundo. Mas naquele momento já não via mais a perspectiva de novamente mudar de país. Já era um chefe de família, com mulher e dois filhos, todos já adaptados e integrados à cidade de São Paulo.

Assim, procurou uma solução intermediária, para que não ficasse exposto a uma eventual perseguição por suas ideias políticas, polarmente diferentes daquelas que inspiravam a ditadura de Getúlio Vargas. Decidiu mudar-se para um lugar afastado do centro de São Paulo. À época, havia terrenos à venda em uma região mais ao sul da cidade, no município vizinho de Santo Amaro, parte da zona rural que então começava a ser loteada. Era uma região muito arborizada, com remanescentes da mata atlântica que um dia havia forrado todo aquele território.

Dante comprou ali um terreno aquadradado de pouco mais de dez mil metros quadrados, onde se pôs a construir a casa que viria a ser depois, na visão dele, a moradia dos dois filhos. Assim, pediu a um arquiteto amigo com quem dividia uma militância antifascista que lhe desse algumas ideias de como projetar algo que facilitasse essa sucessão planejada. O amigo desenhou então uma casa com ares de casa de fazenda, térrea e ampla, dividida em duas partes, com plantas distintas mas de desenho espelhado, integradas por uma área central ajardinada. Implantada no centro do terreno, a edificação deixava livre, de todos os lados, uma vasta área arborizada.

Entusiasmado com o croqui do amigo, Dante lhe disse que nem seria necessário elaborar um projeto executivo. A partir dali, ele mesmo cuidaria de tudo. Assim é que a família Isoldi foi morar em uma casa que acabou nunca entrando nos anais da obra de quem a concebeu: o arquiteto paulistano filho de italianos formado em Roma Rino Levi, que àquela época já ia construindo seu nome na arquitetura brasileira.

Naquela casa cresceram os irmãos Isoldi, Virgílio e Francisco. E foi naquela casa que Lucy veio a se integrar à família depois de seu casamento com Virgílio. Recebida como uma nova filha pela família, seguiu os rumos de uma mulher casada de seu tempo: guardou seus livros, seus cadernos de notas (com o cuidado que talvez antecipasse a necessidade de um uso futuro para aquele material organizado e rico) e sua perspectiva de trabalhar com química.

Ali, Lucy virou dona de casa – e nisso até que se adaptou bem, muito por conta de ter vindo de uma casa onde se conciliavam as habilidades da dupla formação a que acabava sendo obrigada uma mulher que não quisesse apenas ser "do lar". Como se sabe, a mulher que trilhava o caminho da universidade – e, de forma geral, a mulher trabalhadora – tinha de enfrentar a famigerada dupla jornada de trabalho. Lucy se preparara para isso, mas naquele momento sua decisão foi a de seguir apenas o papel de dona de casa e, logo depois, o de mãe.

Não era uma família grande, para os padrões da época. Mas ocupavam bem as duas casas. Em uma delas, moravam o velho Dante Isoldi e sua mulher, Marieta, com o irmão dele, Francesco, o tio Chico, que foi um dos fundadores da Sociedade de Filosofia e Letras de São Paulo (já com o nome aportuguesado de Francisco), uma das sementes do que viria a ser a Faculdade de Filosofia, Ciências e Letras, núcleo estruturante da Universidade de São Paulo.

Na outra casa, vivia a parte nova da família: Lucy e Virgílio, com um membro muito querido por todos, Francisco, o irmão de Virgílio que recebera o nome do tio. Neste lado das casas espelhadas também vivia a fiel cozinheira da família, Mia. Logo a família cresceu, com a chegada dos filhos, primeiro Lilia, depois Sérgio. Não era, como se vê, uma conformação lugar-comum de núcleo familiar, mas nada que fosse raro naqueles tempos, ao menos para as famílias grandes, com casas grandes e corações grandes. No caso dos Isoldi, tudo parecia ter base forte na afetividade gregária de uma família italiana cheia de gestos e afagos.

Para a parte da casa em que viviam Lucy e Virgílio, a presença do irmão era um brilho, uma alegria. Francisco era um homem bonito e inteligente, daquele tipo que atrai as atenções da sala em que está, que é capaz de falar de assuntos diversos com inteligência e presença de espírito. Tinha clareza do que queria fazer na vida: sua vocação era a medicina. No entanto, havia uma resistência de seu pai a isso, por uma preocupação dupla: o velho Dante achava que ia morrer antes de o filho se formar, pela extensão do curso de Medicina, e, além disso, talvez aquele curso não desse a Nini (apelido familiar de Francisco) régua e compasso para uma vida sem problemas financeiros.

Nini decidiu aceitar o desejo do pai e, no lugar de prestar os exames para Medicina, foi estudar na Escola de Comércio Álvares Penteado, no Largo de São Francisco, ao lado da Faculdade de Direito. Em dois anos, concluiu o curso, mais curto por ser de formação técnica, e então comunicou à família: iria seguir sua vocação e se formar médico. Com a segurança do diploma e das habilidades da Álvares Penteado, o velho Isoldi aceitou a decisão do filho. Mesmo afastado das ciências médicas, biológicas, químicas, todas fundamentais para ingressar na faculdade, ele recuperou o atraso. Com muito estudo – e muito orgulho da família –, ingressou na Escola Paulista de Medicina, uma das duas melhores de São Paulo à época.

Lá, se formou com brilho, notas altas e reconhecimento dos professores. Tanto que, recém-formado e saído da residência, em 1954, foi convidado pelo chefe da cátedra de cirurgia para trabalhar em sua equipe já no ano seguinte.

A vida da casa, com sua conformação multifamiliar, italiana, sogro, sogra, cunhado, agregados, ia bem. A família crescia. Logo veio mais uma boa nova: Lucy e Virgílio teriam o terceiro rebento.

Mas durante a nova gravidez as coisas foram mudando. Virgílio não era mais o mesmo. O inquieto de sempre agora parecia mais distante. E distante era algo que não combinava com a forma como Virgílio se relacionava com Lucy. O nível de amizade que acompanhava aquele amor era algo que colocava distância como um sinal fora da lógica, fora do trato que se tecia entre os dois desde os tempos da Praça Coronel Fernando Prestes.

Isso talvez se resolvesse com o nascimento de mais um filho. Mas o que ocorreu foi justamente o contrário.

Numa noite fria de julho de 1954, Lucy entrou em trabalho de parto e nasceu, então, o caçula dos Isoldi. O menino ganharia o nome de Roberto. Nessa mesma noite, Virgílio procurou a cunhada, Nicia, e seu marido, Edmundo, com quem se dava muito bem, e lhes deu uma notícia-bomba: comunicaria a Lucy que estava saindo de casa para viver com outra mulher. E faria isso naquele mesmo dia.

Passado o susto, Nicia ponderou, energicamente, que aquilo seria completamente inadequado, que Lucy estava exausta e fragilizada por um parto que nem quatro horas tinha e que ele deveria ter um mínimo de respeito pela condição da mulher e mãe de seus filhos. Virgílio assentiu, mas disse que não abandonaria seus planos, que sairia de casa e contaria a Lucy o mais rápido possível.

Para espanto de todos, e talvez mais de Nicia, Virgílio comunicou sua decisão a Lucy já na manhã seguinte, bem cedo, antes mesmo que Nicia chegasse para fazer companhia à irmã e ao sobrinho recém-nascido. Quando ela chegou, foi Lucy que lhe contou o desfecho – serenamente, como se já soubesse que, mais dia, menos dia, o marido poderia fazer o que fez.

Teresinha Moura, militante do Partido Comunista Brasileiro como Virgílio, foi a mulher que o levou à decisão de deixar a família e montar um novo lar, fora de São Paulo, no que seria um dos centros do desenvolvimento tecnológico do Brasil nos anos 50: São José dos Campos. Engenheiro brilhante que era, formado pela Politécnica e com especialização nos Estados Unidos (vale lembrar, aliás, que Virgílio estava lá quando nasceu sua primeira filha, Lilia), não foi difícil para ele conseguir trabalho no recém-criado Instituto

Tecnológico da Aeronáutica, referência até hoje em Engenharia de ponta no Brasil e por onde passaram nomes como Paulus Aulus Pompéia, Rogério Cézar de Cerqueira Leite e Francisco Lacaz. Lecionou, entre outras matérias, elementos de eletrotécnica.

O mais curioso – e que, de certa forma, conta um pouco da história do Brasil daqueles tempos – é que o ITA era uma instituição criada e mantida por uma das três Forças Armadas, ao mesmo tempo a mais avançada tecnologicamente e arejada do ponto de vista acadêmico, e a mais conservadora politicamente, como viriam a mostrar mais tarde os anos cinzentos do golpe de 64. Contradições do Brasil.

Pois foi nesse cenário, desde então de ponta, que Virgílio e Teresinha desenvolveram, ao mesmo tempo, a militância e a maternidade. Depois de pouco tempo de união, tiveram uma filha. Talvez tenha sido um excesso, para Virgílio e para o casamento. Um dia, tocam a campainha da casa de Nicia e Edmundo. Ela atende. Quem está à porta é o ex-cunhado. Com um semblante soturno, aponta para o carro e conta que ali estão o carrinho, as mamadeiras, algumas fraldas, enfim, o mínimo necessário para se cuidar de um bebê. Ele pediu então a Nicia que aceitasse ficar com sua filha, uma vez que ele e a mulher haviam decidido se matar. O que tornava a cena menos extrema é que a filha não estava ali, mas, ainda assim, a declaração era assustadora.

Com a fleuma que parece ser uma característica da irmã mais escandinava das Wendel, Nicia disse a Virgílio que aquilo era uma loucura. Ele confessou que a ideia era entregar a filha a Lucy, mas que não tinha certeza de que seria bem recebido. Nicia ponderou que as duas hipóteses eram fora de propósito. Ele, então, assentiu, subiu no carro e se foi.

A preocupação de Nicia foi tamanha que ela convenceu o marido de que eles precisariam fazer alguma coisa para evitar uma tragédia, ou pelo menos tentar. Alguém deveria ir a São José dos Campos tirar aquilo a limpo. Afinal, se Virgílio e a mulher efetivamente se matassem, a pequena filha, ainda bebê, ficaria desamparada. Mais do que isso, com boa argumentação, seria possível demover o casal do ato extremo.

Procuraram Lucy e expuseram o problema. Edmundo estava disposto a pegar o carro e ir já na manhã seguinte até a cidade do Vale do Paraíba. Lucy decidiu que iria com ele. Na manhã seguinte, embarcaram os dois no carro e percorreram os cem quilômetros entre São Paulo e São José dos Campos. Chegando, seguiram em direção ao CTA, onde viviam Virgílio, Teresinha e June. Não sabiam bem o que encontrar por lá, mas poderiam evitar uma tragédia – um duplo suicídio e uma órfã como legado. Entraram na cidade, percorreram as ruas que iriam dar nas proximidades das dependências do Centro Tecnológico, distante do centro. Às tantas, foram interrompidos por uma manifestação: sobre a boleia de um caminhão, um homem e uma mulher discursavam ardorosamente, defendendo posições e palavras de ordem com convicção e entusiasmo. Eram Teresinha e Virgílio, eloquentes como nenhum suicida conseguiria ser. Lucy e Edmundo perceberam que poderiam voltar para São Paulo, que os cem quilômetros percorridos – e os outros cem a percorrer – tinham sido excesso de zelo.

Na casa dos Isoldi, agora sem Virgílio, ao menos para seu irmão, Francisco, as coisas pareciam caminhar bem, com o resgate bem-sucedido do sonho de ser médico, sendo coroado com o convite para trabalhar com a própria equipe do Hospital São Paulo, o hospital-escola da Paulista de Medicina. Havia cedido às angústias do pai e se formado na Escola de Comércio, agora era a vez da ciência médica ocupar plenamente sua vida. Após ter sido um estudante e um residente brilhante, havia conseguido aquele vínculo profissional num dos melhores lugares onde um jovem médico recém-formado poderia querer estar.

Àquela altura, a única coisa que passou a desviar um pouco sua atenção do trabalho foi uma inesperada e persistente dor de dente. Não fazia sentido: Nini tinha a rara condição, à época, de não ter sequer uma cárie. Era um modelo de saúde dental. Como o incômodo não passava, decidiu procurar um dentista. Durante a consulta, este notou que, aparentemente, o dente que doía estava perdendo a raiz. Diante do quadro, pediu a Francisco que fizesse um exame de sangue com alguma urgência. O pedido, meio fora da rotina de um dentista, acendeu uma luz de alerta. Ele, então, médico e com acesso ao laboratório da escola, tomou uma amostra de sangue de si mesmo e, com uma gota dela, fez uma lâmina para exame microscópico. O que viu ali o assustou. Era grave. Mas tentou imaginar que poderia ser uma leitura errada. Como saber? Recorrer aos mestres – em seu caso, seu mestre ao lado, o professor de hematologia da Escola Paulista Marcelo Pio da Silva. Foi a ele e mostrou-lhe a lâmina como se fosse de um indigente a quem teria atendido naquele dia. Pio examinou a amostra e estranhou que Francisco tivesse recorrido a ele. Afinal, era um caso óbvio de leucemia. O jovem ficou lívido ante essa confirmação, e Pio logo entendeu que aquela lâmina não vinha de nenhum indigente, deveria ser o sangue de alguém muito próximo ao rapaz.

Perguntou-lhe com firmeza de quem era a amostra e Francisco revelou que era dele mesmo. Não havia muito a fazer, pelo estágio em que já se encontrava a doença. Aos 28 anos, em junho de 1955, Francisco Isoldi faleceu após breve internação no Hospital São Paulo, da Escola Paulista de Medicina. Lucy perdia, com o cunhado, um de seus melhores amigos.

Recomeço: os velhos mestres, os novos alunos

No bonde, voltando da visita ao amigo e ex-colega de faculdade, Lucy já sabia: seu recomeço com a química não seria na indústria, apesar de toda a receptividade com que tinha sido acolhida. Talvez a razão prática naquele momento tenha sido a preocupação com os filhos: oito horas por dia na fábrica, mais o tempo de ir e voltar, tirariam dela quase todo o tempo que poderia ter com os três acordados. Como trocar os filhos pelo trabalho, por mais necessário que ele fosse? E era, mesmo porque a saída de Virgílio de casa havia sido intempestiva, como boa parte de tudo o que ele havia feito na vida. Não havia um estofo deixado por ele, a não ser a casa – que, longe de ser pouco, era claramente uma solução provisória e não era o suficiente para o sustento do dia a dia daquele núcleo familiar agora reduzido.

É importante lembrar que o casal e os filhos moravam em uma propriedade da família de Virgílio. Lucy, ali, era nora, e o elo familiar se dava pelos filhos e pelo afeto eventual que a família pudesse ter por ela. Na medida em que deixava repentinamente de ser a mulher de Virgílio, mesmo que fosse por uma decisão dele, impulsiva e mal combinada, a relação familiar perdia um pouco da razão de ser, ao menos a razão formal. Ela sabia que, mesmo com sua boa relação com os pais de Virgílio e na condição de mãe de três preciosos netos dos Isoldi, parar naquela condição de nora abandonada e dependente – uma espécie de filha adotada apenas por conta da maternidade dos descendentes da família – seria, por todas as razões, principalmente as de sua personalidade, assumir uma espécie de adeus: foi-se a Lucy Sayão Wendel, fica uma quase Isoldi. Não, isso não era para Lucy.

Era preciso dar outro desfecho à história, e foi o que ela logo buscou. Antes de tudo, por nem começar a discutir compensações, pensões e outras querelas típicas de um processo de separação. Sabia que podia – e devia – seguir seu próprio caminho, e que ele tinha um ponto de partida: seu conhecimento.

Dos cadernos recuperados depois do susto da separação, não nasceu apenas uma memória, o resgate de um aprendizado antigo. Lucy repassou todos eles, sabe-se lá quantas vezes – eram muitos, quase uma estante – e, ao fim e ao cabo, não parou no relembrar. Começava ali, na retomada de seu tempo na "Figueira da Glete", no Instituto de Química da Faculdade de Filosofia, Ciências e Letras, onde cada um daqueles cadernos de notas havia sido escrito, a busca por uma nova leitura da química. Um modo de tratar aquela ciência que a fizesse ser entendida com mais facilidade, principalmente por aqueles alunos que mal haviam saído da latência para a adolescência. Começava ali a construção de uma pedagogia.

É preciso ter alguns rudimentos da história da química para entender o que era a forma com que Lucy a levava aos alunos para que dessem os passos na apropriação do conhecimento sobre aquela ciência tão pouco atrativa para a maior parte dos estudantes.

Pois para os estudantes que estiveram com Lucy já no primeiro ano do colegial, científico ou seja o nome que o Ensino Médio tivesse a cada época, a química passava a ter encanto já na primeira aula.

Desde logo, Lucy tinha uma certa rejeição por fórmulas. Preferia que o exercício do conhecimento de sua matéria fosse feito por dedução e raciocínio a partir do conhecimento básico acumulado. Não era difícil, em sua visão, que um aluno se familiarizasse com um raciocínio que havia, décadas ou séculos atrás, sido central para a descoberta de uma determinada teoria química. Se aquele conhecimento já estava reconhecido e compartilhado na esfera do pensamento científico e, assim, já tomado parte do senso comum – mesmo que o senso comum de uma comunidade mais restrita, como a da ciência –, não seria difícil reproduzir seus caminhos e conclusões e compartilhá-los com os estudantes aparentemente leigos.

Quem chegava ao primeiro ano com Lucy recebia logo de cara o conhecimento de dois cientistas importantes no campo da química: o russo Dmitri Mendeleiev e o britânico Ernest Rutherford. O primeiro, definitivo: Mendeleiev foi o principal estruturador da Tabela Periódica dos Elementos, que os organiza em função de características atômicas e moleculares e propriedades químicas, de forma a agrupar os que têm aspectos comuns e criar uma sequência lógica que ordene os elementos por número atômico.

Já Rutherford foi o primeiro a formular um desenho do átomo que separava as partículas de polaridade positiva, os prótons, dos elétrons, de polaridade negativa. Enquanto aqueles formariam um núcleo coeso, estes orbitariam em torno desse núcleo, à semelhança de astros em volta de um astro maior.

Os modelos anteriores aos de Rutherford foram caindo, por não darem respostas a fenômenos químicos básicos. Eram fundamentalmente dois. O modelo de Dalton retomava a hipótese da Antiguidade Clássica, de que havia uma partícula indivisível, que seria a menor parte de uma matéria (do grego ἄτομος, átomos, indivisível). Seu criador, o inglês John Dalton, propunha que cada elemento teria um átomo com características próprias, com formato de esfera, capaz de se unir a outros elementos para formar as diversas substâncias que conhecemos.

Depois de Dalton, o modelo seguinte, de outro cientista inglês, Joseph Thomas, já passava a admitir que o modelo da bola indivisível deixava uma série de perguntas sem resposta, entre elas, a presença de carga elétrica. A resposta que deu a esse fenômeno foi o modelo que se popularizou como "pudim de passas", uma partícula ainda em formato esferoide, mas composta de partículas com carga positiva e negativa em mesmo número. Ocorre que mesmo o "pudim" não explicava fenômenos milenarmente conhecidos, como o ganho ou a perda de carga por determinados elementos em condições de atrito ou de variação extrema de temperatura, por exemplo.

Era a resposta a essas perguntas que o modelo de Rutherford procuraria dar. Porém (sempre há muitos poréns), vencido o "pudim" de Thomas pelo químico dinamarquês, começaram as críticas e as objeções a seu modelo. Da forma como estava desenhado, não explicava como o núcleo, de carga positiva, não terminaria por atrair os elétrons em volta, criando um grande zero energético.

A resposta veio com uma releitura do modelo de Rutherford feita pelo dinamarquês Niels Bohr, que propôs uma nova estrutura, com núcleo de prótons e órbita de elétrons, que veio a se chamar modelo de Rutherford-Bohr. A diferença estava na proposição de que havia diferentes camadas – como órbitas planetárias – com diferentes quantidades de energia em cada uma.

Mais tarde, novas teorias foram propondo novos modelos, que, apesar de explicarem fenômenos antes desconhecidos descobertos pela ciência, se tornaram muito difíceis de entender pelo leigo ou pelo iniciante.

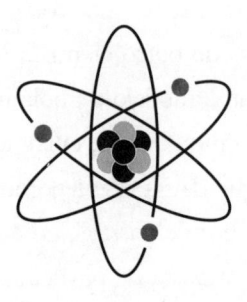

Modelo de Rutherford 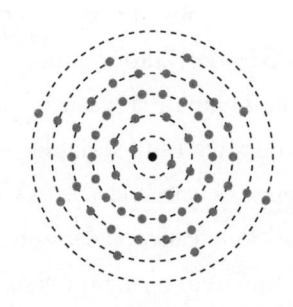 | Modelo de Rutherford-Bohr

Lucy explicava tudo isso com imensa facilidade e capacidade de se fazer entender (desde logo, infinitamente maiores do que as deste escriba, pode o leitor ter certeza, pois, do contrário, já saberia um pouco mais de química ao final da leitura deste volume). Assim, sua maneira de ensinar trazia um pouco da evolução da própria teoria química. Fenômenos mais fáceis de representar, como as ligações iônicas, podiam ser explicados usando o modelo de Rutherford-Bohr, mesmo sendo ele superado na química de ponta. Até o primaríssimo modelo de Dalton pode ser usado para ilustrar a composição de uma molécula simples, com bolinhas contíguas de tamanhos e cores diferentes. Já a explicação de formações e fenômenos mais complexos da química orgânica ou da química nuclear exige modelos teóricos igualmente mais complexos. Afinal, basta olharmos os cadernos de ciências dos grandes jornais do mundo – que são essencialmente para leigos, como a maioria de nós – para vermos pipocar lá nomes e conceitos que mais se parecem com um livro de ficção científica (ou um léxico do sindarin). Nada que o tempo e uma boa metodologia não pudessem resolver. Mas saber quais os modelos que resolvem as necessidades de cada momento da aquisição do conhecimento científico é o mais relevante.

Partindo de sua própria formação científica, obtida no pioneiro Departamento de Química da Faculdade de Filosofia, Ciências e Letras da Universidade de São Paulo, do convívio com professores e colegas da "Figueira da Glete" e de uma visão particular do que era compartilhar e produzir conhecimento, Lucy criou uma didática própria.

Foi assim que fez gerações de alunos aprenderem química e usarem esse aprendizado de acordo com as demandas da vida: por exemplo, a minha, de curioso satisfeito, ou a da médica que entrevistei e me disse que os conhecimentos de química adquiridos nas aulas de Lucy haviam sido decisivos para entrar na mais concorrida faculdade de medicina do país, a da USP.

O primeiro colégio onde Lucy foi buscar trabalho, depois da decisão de não aceitar o emprego na indústria química, foi o

Colégio Beatíssima Virgem, no bairro do Brooklin, zona Sul de São Paulo. Ali, ela começou a dar suas primeiras aulas. Mas logo em seguida apareceu uma oportunidade numa instituição muito maior, o Colégio Mackenzie, centenária escola secundária paulistana, já uma universidade na época, organização de origem presbiteriana, muito importante na educação em São Paulo.

Como é de se esperar de quem se esforça muito no que faz, a sorte acabou bafejando a carreira de Lucy. Um diretor daquele colégio havia sido seu professor no Colégio Perdizes, e ela foi até ele procurar uma colocação. Acabou chegando na hora certa: um professor de química do colegial tinha acabado de entrar de licença médica por ter quebrado uma perna. Lucy foi, então, imediatamente contratada.

O primeiro dia de aula foi uma reestreia para ela. A classe tinha mais de cinquenta alunos, o dobro do que estava acostumada no Beatíssima Virgem. Mas tudo correu na mais santa paz. Deu a matéria do dia, a classe, apesar de grande, era calma e, ao tocar o sinal indicando o fim da aula, ela já se sentia tão à vontade quanto nas suas classes de vinte e poucos alunos da pacata escola de bairro. Logo alguns alunos se aproximaram para conversar e ela acabou indo ao pátio com eles, em vez de ir diretamente à sala dos professores. A conversa seguiu animada, todos queriam saber um pouco mais sobre a nova professora. No meio da conversa, Lucy sentiu um objeto que pousou sobre sua cabeça. Levou a mão até os cabelos e logo sentiu que era algo estranho, com pelos e patas. Era uma aranha, do tamanho de um pires. Calmamente, ela a colocou no bolso do guarda-pó branco que vestia e seguiu a conversa, como se aquilo fosse a mais corriqueira das eventualidades. Sua aposta estava certa: a aranha era de brinquedo, era um susto de boas-vindas que os alunos queriam lhe pregar. Não guardou o brinquedo por muito tempo, mas o respeito durou mais – toda sua temporada na provecta escola presbiteriana da Rua Maria Antônia.

Pelo andar da carruagem, Lucy não iria mesmo ter as horas vagas que imaginava quando decidiu pela carreira de professora no lugar da de profissional da indústria química. No final da década de 1950, apareceu mais uma oportunidade de dar aula – e essa era uma que ela não perderia jamais: a vaga de professora de química no Colégio Roosevelt, uma escola pública que era uma das três melhores no ensino secundário da cidade, localizada no bairro central da Liberdade, na Rua São Joaquim. Mal comparando, era tão concorrida à época como é hoje uma vaga em Relações Internacionais na USP ou no Colégio Pedro II, do Rio de Janeiro. Tempo em que escola pública tinha qualidade, professores de primeira linha e, principalmente, respeito não só de pais e alunos como da população em geral, incluída aí a elite rica da cidade.

Permaneceu por lá o máximo tempo que pôde. O Roosevelt não pagava mal, mas não era lá o melhor salário da cidade. Só que era o Roosevelt. Lucy adorava poder estar ali, no que havia de melhor na educação pública. Era onde morava a oportunidade de dar oportunidades. Estudava lá quem tinha suado para passar em seu exame de seleção, não quem tivesse dinheiro e posição. Assim, conviviam no Roosevelt parte da elite paulistana, que escolhia estar naquela escola mesmo podendo estar no São Bento ou no Sacré-Coeur, e pessoas de quase todas as camadas da sociedade – pequenos comerciantes, funcionários públicos, profissionais liberais, operários da indústria. Aquilo era uma amostra realizada do grande sonho que seria ter um país que oferecesse educação de qualidade ao filho do rico e ao filho do pobre.

Foi ali que a jovem Vera conheceu Lucy. Aprovada com brilho no exame de seleção, Vera Lúcia Lopes Duarte entrou no Roosevelt em 1961, no que ainda era o chamado curso científico. Estava naquela idade sempre difícil, em que é preciso começar a virar gente grande e projetar o que será o futuro. Para uma mulher, naqueles tempos, era ainda mais difícil: como escapar da sina de acorrentar esse futuro ao de um marido que ainda nem tinha ideia de quem poderia ser? Como conciliar uma carreira à vida normalmente destinada ao sexo feminino?

Ter entrado no Roosevelt foi um primeiro passo para traçar um caminho mais justo. Depois dessa consquista, Vera começou a matutar sobre o que faria em seguida. Era da área de ciências exatas, disso tinha pouca dúvida (a única possibilidade que, de vez em quando, passava como uma brisa pela sua cabeça era um curso de Direito, mas isso muito mais por uma fixação em princípios éticos do que exatamente por vocação). Tinha alguma predileção por matemática e, definitivamente, achava que deveria ser professora. Isso por conta de uma irmã mais velha, que dava aulas de português, era uma espécie de modelo para a caçula e havia morrido prematuramente. Portanto, estava lá montado um caminho: professora – como a irmã – de matemática – por sua afinidade pela matéria – e com um plano B distante, no Direito.

Mas a vida nem sempre – na verdade, quase nunca – segue exatamente o que a gente planeja para ela. Aluna dedicada, Vera começou a ver que seu curso de Matemática naquela ótima escola não correspondia a suas expectativas. Ao mesmo tempo, surpreendeu-se, já nas primeiras aulas, com o curso de Química. A professora, já desde a primeira aula, mostrou que era exigente. Além da matéria dada em aula, que não seria pouca, pediria uma contrapartida prática em laboratório. Acontece que o acesso ao laboratório só era possível em período diverso ao das aulas. Não porque o laboratório ficasse fechado nesse período, mas porque a matéria teórica concebida por Lucy como a mais adequada para que o aluno tivesse o conhecimento ideal para aquela fase exigia todo o tempo regular de aulas para ser contemplada. Mesmo assim, mantinha sua convicção de que a teoria deveria ser acompanhada da prática. Resultado: passava aos alunos as experiências que deveriam realizar e os mandava ao laboratório em um horário extra e pedia um relatório do que havia sido observado. Ali, contavam com a ajuda de um auxiliar. Mas sabiam o que deveria ser feito – e faziam. Além dessas incursões à prática, Lucy passava também muita lição de casa para os alunos. Era importante que fixassem bem os conceitos dados em aula para que a sequência do curso se desse de forma adequada e sem grandes trancos. A combinação de aula teórica com laboratório e exercícios de fixação gerava uma dinâmica que ia familiarizando os alunos ao pensamento científico, de forma a que o curso fluísse cada vez melhor

Vera foi aluna de Lucy durante os três anos do curso científico. O resultado disso já se fez aparecer logo nos primeiros meses: o antigo interesse pela matemática havia se deslocado de forma decidida para a química – sem perder o encanto pelo Direito, mas descartando-o como foco de sua formação superior. Esta viria a se realizar, depois dos três anos de Roosevelt, em um lugar que Lucy conhecia muito bem e do qual tinha boas recordações: a Faculdade de Filosofia, Ciências e Letras da Universidade de São

Paulo e seu cultuado Departamento de Química, liderado àquela altura pelo professor Paschoal Senise, o jovem mestre de Lucy que viria a ser um dos nomes fundadores do ensino de química no país e da própria constituição no Instituto de Química, na década seguinte. Não menos importante, mas de forma diversa, Senise foi decisivo na carreira química de Vera. Talvez tanto quanto Lucy, embora esta merecesse da ex-aluna um espaço afetivo bem maior.

Do lado errado da Maria Antônia

As contradições que dividiam a sociedade brasileira iam se acentuando, e a falsa – sempre falsa – ideia de que uma solução de ruptura da ordem democrática poderia colocar ordem em uma nação em plena adolescência institucional (a República brasileira havia voltado a uma normalidade institucional apenas pouco mais de vinte anos antes) começava a mostrar sua inconsistência. Os conflitos iam se tornando mais violentos.

    A Rua Maria Antônia fazia o papel de uma fronteira entre as duas partes em embate naquele 1968 acirrado e cada vez mais violento. Em seu lado ímpar, na esquina com a Rua Itambé, ficava a provecta Universidade Mackenzie, um grande complexo de edificações em alvenaria aparente – um dos três conjuntos arquitetônicos importantes da cidade com esse tipo de acabamento, junto da Pinacoteca do Estado e da Estação da Luz – que trazia uma solenidade ao mesmo tempo simples e severa à velha instituição de origem norte-americana, então quase centenária, a se contar de sua origem, a Escola Americana, de Ensino Fundamental, fundada em 1870 por um casal de missionários presbiterianos. A partir dessa semente, nasceu o Mackenzie College, com os primeiros cursos superiores oferecidos pela escola: o de Filosofia (1885), o de Comércio (1890) e aquela que marcou seu protagonismo no ensino superior da capital, a Escola de Engenharia.

O Mackenzie College tornou-se oficialmente uma universidade em 1952, vindo a ser a terceira do estado de São Paulo – que já contava com a Universidade de São Paulo, USP, do governo do Estado, e a Pontifícia Universidade Católica, PUC, instituição confessional da Arquidiocese da capital. Então já uma grande instituição de ensino superior, o Mackenzie não abandonara sua origem, mantendo sua estrutura de Ensino Fundamental e Médio, o Colégio Mackenzie, que viria a compor uma instituição separada da universidade, mas integrada fisicamente a ela. Era ali que Lucy trabalhava desde o dia marcante do trote com a aranha de plástico. Era ali que se articulavam os grupos mais conservadores do Movimento Estudantil, dentre eles o clandestino e violento CCC, Comando de Caça aos Comunistas.

Do lado par da Rua Maria Antônia, ocupando boa parte da área central da quadra entre a Doutor Vila Nova e a Major Sertório, ficava a Faculdade de Filosofia, Ciências e Letras da Universidade de São Paulo – a mesma em que Lucy havia se formado, sendo que o Instituto de Química ocupava o prédio da Alameda Glete.

A FFCL nasceu no mesmo ano em que foi criada a Universidade de São Paulo pelo interventor Armando de Salles Oliveira, em 1934. A USP, em sua origem, passou a agregar as faculdades de Direito do Largo de São Francisco, de Medicina, a Escola Superior de Agronomia Luiz de Queiroz, a Escola Politécnica e a Faculdade de Farmácia e Odontologia, além da FFCL. A criação da USP fez parte de um grande movimento da sociedade paulista em torno da ideia de reconstrução do Estado a partir da derrota sofrida na Revolução Constitucionalista, de 1932. Civilizar, europeizar São Paulo passou a ser uma meta à qual se dedicou boa parte da elite do estado. Um marco desse movimento, que antecede a criação da USP, foi a fundação da Escola Livre de Sociologia e Política, em 1933, com o fim de formar lideranças políticas e administrativas que atendessem às demandas de um Brasil que se modernizava e buscava superar contradições originárias ainda do Império escravagista. Ambas, ELSP e FFCL, vinham para trazer o fino das humanidades para a elite paulistana, que então apostava em agregar a sua riqueza quase tosca – terra, semente, escravos, navios – uma nova perspectiva, uma pequena França, quem sabe.

Naquele quarteirão, deu-se um dos grandes conflitos entre os tantos que marcaram os primeiros anos da ditadura militar no Brasil. Seja por que razões forem, o Mackenzie, que era na origem uma escola que aceitava filhos de escravos e de senhores, que bania dos hábitos escolares o castigo físico, que tinha posturas progressistas até na arquitetura de suas edificações, tornou-se, com o passar dos anos, um ninho do pensamento conservador em São Paulo. Do outro lado da rua, pensava-se diferente. A Maria Antônia era um centro de estudo e difusão das ideias de esquerda na cidade.

No dia 3 de outubro de 1968, essa estranha diferença se mostrou mais aguda. A manifestação trazia mais claras as discordâncias e mais intensas as tensões. Raiva, talvez, possa ser a síntese de algo que parecia ser mais sofisticado politicamente. O fato é que a polarização de pensamento tornou-se uma batalha entre dois mundos separados pela Rua Maria Antônia. Os meninos do Mackenzie e os meninos da USP se enfrentaram. Os meninos do Mackenzie arremessaram dezenas de coquetéis molotov em direção à FFCL, o que provocou um incêndio no prédio da faculdade. Alguns dos meninos estavam armados. Um menino que não era da USP nem do Mackenzie, o estudante secundarista José Carlos Guimarães, do Colégio Marina Cintra, tomou um tiro e morreu. O ano de 1968 chegava concreta e brutalmente a São Paulo.

As evidências eram claras: tudo se radicalizava. Lucy, naquele momento, pensou: "Eu estou do lado errado da Maria Antônia". Era hora de mudar. Para onde?

Acreditar na aventura do homem

O Colégio Santa Cruz era pouco mais que um projeto quando chegou ao Brasil. Já havia, no país, número suficiente de escolas religiosas a atender as famílias católicas em sua demanda de bem formar suas crias. Para os meninos, havia o provecto Colégio de São Bento, no largo do mesmo nome, no centro da cidade, nas encostas do Vale do Anhangabaú, que ali era atravessado pela bela ponte de metal que formava o Viaduto de Santa Ifigênia. Havia também o Colégio São Luís, dos padres jesuítas, fundado originalmente em Itu, depois transferido para o alto do espigão da Paulista, onde está até hoje. O Liceu Coração de Jesus, dos padres salesianos, localizado desde o século 19 no bairro dos Campos Elíseos, e seu quase homônimo Colégio Sagrado Coração de Jesus, estabelecido ali na Vila Pompeia, nos anos 1930, tinham em comum a característica de receber muitos filhos de imigrantes europeus. Havia também os colégios católicos para moças, o Sacré-Coeur, o Sion, o Assumpção, o Des Oiseaux – lendas da educação feminina formadora da elite paulistana. Mas esses não concorreriam com o projeto do Santa Cruz, ao menos em seus primeiros trinta e tantos anos.

O colégio dos padres canadenses da Congregação de Santa Cruz parece ter sido muito mais uma obra do sonho de um homem do que de fato o plano de expansão de toda uma ordem religiosa. Ao contar a história do colégio e de seu fundador, o padre Lionel Corbeil (1914-2001), a educadora Cristine Conforti narra, em *Santa Cruz: pequena crônica de um ideal*, um pouco do que seria o espírito desse verdadeiro desbravador:

> Em novembro de 1944, o jovem Padre Lionel Corbeil, bacharel em Filosofia, Teologia e Ciências Sociais, atravessou de trem a costa leste dos Estados Unidos. Um considerável percurso de Montreal a Miami [...] mais cinco dias de avião de Miami ao Rio de Janeiro. Isso tudo não era muito para o tamanho da aventura que iniciava. Era quase nada para quem sonha. Quando se tem 25 anos, como Lionel, o futuro é muito tempo.*

O que movia Corbeil, ainda segundo Cristine, era "acreditar na aventura do homem, na reconstrução de sua história", num momento em que o mundo saía de uma guerra sangrenta, de alcance planetário, e precisava ser reconstruído.

Em São Paulo, Corbeil fundou a versão brasileira de sua congregação canadense. Filho de um industrial abastado, dono de uma fábrica de sapatos em Montreal e muito católico, o menino Lionel desde cedo mostrou sua vocação para o sacerdócio. Aos

---

* Fonte: http://www.santacruz.g12.br/publicacao/pequena-cronica-de-um-ideal/

doze anos, junto com um irmão dois anos mais velho, ingressou no seminário dos padres de Santa Cruz. Ali, destacou-se não apenas pela dedicação aos estudos mais ligados às humanidades, mas também pelo desempenho no hóquei. Ordenou-se aos 25 anos. Com 29, depois de ter lecionado por dois anos e servido à ordem como sacerdote e como administrador, recebeu o convite inusitado para instalar a Congregação de Santa Cruz na longínqua São Paulo, Brasil.

Corbeil não era desinformado sobre o distante país em que iria cumprir missão tão importante: havia lido *Brasil, País do Futuro*, livro com os relatos de Stefan Zweig, o célebre filósofo, escritor e tradutor austríaco que tinha escolhido o Brasil para viver, em face das dificuldades da guerra na Europa. A obra havia sido lançada dois anos antes da viagem para cá.

Com dois outros padres conterrâneos, Guilherme Dupuis e Oscar Melanson, Corbeil foi muito bem recebido nestes cantos distantes. Chegou quando o mundo estava em plena guerra, o que afetou diretamente sua viagem – aviões civis não voavam à noite. Isso, somado à velocidade com que se moviam os DC-3 e seus equivalentes à época, fazia com que tudo demorasse muito. De Montreal a Miami, foi uma longa viagem de trem. Depois, de lá a São Paulo, foram mais cinco longos dias.

Mas tudo compensou. Corbeil, Dupuis e Melanson foram muito bem recebidos no país e aqui puderam dar início a diversas iniciativas importantes para um país que procurava seu caminho em um mundo envolvido pela guerra, mas que a via de uma prudente distância – embora participasse dela, de fato, enviando tropas à Europa.

Da fundação da PUC à criação da Paróquia do Jaguaré, Corbeil e seus companheiros tiveram participação decisiva. Nesta, Corbeil teve papel preponderante. Ali começou sua atividade religiosa em São Paulo, naquele que era um bairro operário construído pela família Villares, de industriais descendentes do megacafeicultor Henrique Dumont, pai de Alberto Santos Dumont, que dispensa maiores apresentações. Vale lembrar que até hoje o Colégio Santa Cruz tem uma atividade educacional importante no velho bairro operário, que nestes dias é tão diferente do que era, com novos e agudos problemas, como o da habitação e os desafios da segurança pública, impensáveis nos anos 1940.

Em 1952, Corbeil inicia o que seria sua maior obra. Numa casa emprestada pela Cúria Metropolitana, na Avenida Higienópolis, 890, bem em frente ao Colégio Sion, dá início às atividades do Ginásio Santa Cruz. Eram sessenta alunos no começo, divididos em duas classes, que formavam a primeira série ginasial (que equivale hoje ao sexto ano do Ensino Fundamental). Aquilo viria a crescer, talvez mais até do que imaginava o padre viajante.

Lionel Corbeil, é bom que se diga, não era exatamente um padre como o que o clichê nos faz imaginar: carola, meditabundo, introspectivo. Tinha um projeto e deu passos ousados para fazê-lo acontecer. O empréstimo da casa da Higienópolis foi apenas o começo. Corbeil era canadense e, naqueles anos 40 em que chegou ao Brasil, os canadenses detinham algumas riquezas importantes em diversos estados, dentre eles, e talvez preponderantemente, em São Paulo.

Era dos conterrâneos de Corbeil a empresa que fornecia luz elétrica à cidade de São Paulo, a Light & Power Company. No final dos anos 1920, a Light, como era conhecida, junto com o governo de São Paulo, fez uma das mais radicais intervenções urbanas e ambientais de que se teve notícia até então: com o consentimento do estado e do município, o rio Pinheiros foi retificado e seu sentido invertido, para gerar energia em uma usina hidrelétrica que seria construída em Cubatão, nos sopés da Serra do Mar. Em todo o trecho que passava pelo município de São Paulo, formou-se um canal a partir de um traçado médio do que era a trajetória de seus leitos, curvilínea pela pouca inclinação.

Como efeito colateral dessa retificação, geraram-se, em ambas as margens do novo Pinheiros, imensas áreas vazias que tornaram-se propriedade da Light & Power. O que era várzea do rio tornou-se um milionário estoque de terrenos. Em 1953, o padre Corbeil conseguiu de seus conterrâneos a doação de uma imensa área de cinquenta mil metros quadrados – o equivalente a dois alqueires de terra, na medida usada no interior de São Paulo – para construir ali a sede definitiva de seu colégio, que àquela altura já estava grande demais para a casa cedida pela Cúria.

Enquanto esperava que fosse construída a nova escola, o Santa Cruz passou a usar salas emprestadas pelo colégio em frente à casa original, o Sion. Finalmente, em 1957, ficaram prontas as primeiras instalações do novo Santa Cruz, então em uma área cercada de ruas de terra e ar de zona rural – o Alto de Pinheiros começaria a ser ocupado em seus lotes de casas de classe média alta apenas na década seguinte. Em dois blocos separados por uma via interna, o projeto do arquiteto Roberto Tibau acomodaria os alunos das quatro séries do ginásio e duas das séries do colegial, num total de 185 alunos.

Gênio, Eugênio

Pouco antes da virada para a década de 1960, chega do Canadá diretamente para as novas instalações do Santa Cruz uma personalidade que iria ajudar a definir os caminhos do colégio como um centro reverberador de uma nova maneira de pensar a religião, a sociedade e, de certa forma, até mesmo a política: o jovem padre canadense de Quebec, Paul-Eugène Charbonneau, vinha ao Brasil, enviado pela Congregação Santa Cruz, para uma temporada nestes lados do planeta – temporada essa que acabou sendo o resto de sua vida. Seguindo a tradição, talvez mais dos funcionários do que dos próprios padres, Charbonneau ganhou seu nome interno, "padre Eugênio", que, vale dizer, não colou além do limite dos muros do colégio, assim como o próprio Corbeil só era conhecido como "padre Leonel" por poucos e bons funcionários da escola.

Charbonneau era uma figura que contrastava com a sobriedade do padre Corbeil. Era um homem vigoroso, de voz firme e imponente, fisicamente quase atlético. Sua voz empostada conquistava a atenção e o silêncio fascinado das salas de aula de filosofia, em que colocava os alunos frente a frente com questões complexas como as levantadas por autores nada simples, como Jean-Paul Sartre ou Franz Kafka. Seu curso era, para boa parte dos alunos do Santa Cruz, um ponto de inflexão, quase um rito de passagem, uma espécie de Bar Mitzvá em fascículos semanais, um atalho para as questões que, no campo das ideias e da visão de mundo, separam meninos de homens. Muitas vezes essa passagem era demonstrada com um pouco mais de vigor do que aquele emitido pela voz potente. De classes mais barulhentas, muitas vezes Charbonneau obtinha o silêncio com um murro vertical na mesa, que soava como a martelada de um juiz. Silêncio absoluto, audiência garantida, pois em seguida vinham questões que, levadas a sério como o momento exigia, colocavam os alunos em disputa consigo mesmos pela conquista de alguma convicção, nascida daquele intenso debate interno.

Bacharel em Artes pela Universidade de Montreal, ainda aos 22 anos de idade, Charbonneau ordenou-se pela Congregação de Santa Cruz três anos depois. Mais seis anos e, em 1956, aos 31 anos, recebeu o título de Doutor em Teologia pela mesma universidade. Entre a ordenação e o doutoramento, seguiu a trajetória incansável que marcaria sua vida – a de um daqueles homens cujo dia parecia ter 36 horas, único jeito de dar conta de tudo o que fazia e viria a fazer. Ainda em Quebec, segunda maior província do Canadá e enclave de língua francesa num país majoritariamente anglófono, foi professor de teologia no Instituto Superior de Ciências Religiosas, ramificação da Faculdade de Teologia da Universidade de Montreal. Também lecionou teologia e filosofia no Seminário da Congregação de Santa Cruz e foi professor de filosofia no Colégio de Saint-Laurent.

Depois de doutorado, começa a ganhar o mundo. Ainda aos 31 anos de idade, é enviado para trabalhar na Cúria Geral da Congregação de Santa Cruz em Roma. Passa ali três anos, após o que seus superiores decidem que ele deveria levar mais longe seus conhecimentos de teologia e filosofia. Em 1959, Charbonneau chega a São Paulo para ensinar os jovens que Corbeil havia a tanto custo juntado num colégio que, iniciado em uma casa emprestada, agora atendia cada vez mais alunos – as famílias de São Paulo começavam a prestar atenção àquele colégio de ideias mais oxigenadas que as dos colégios religiosos mais antigos – num espaço que se mostrava muito próximo do ideal para os fins a que se propunha: ser uma escola inovadora e capaz de fazer frente às novas demandas que a própria doutrina da igreja católica passaria a exigir.

Corbeil e Charbonneau eram homens muito diferentes. Corbeil era um padre mais afeito à figura do sacerdote católico, de voz mansa, gestos de mão que seguiam uma espécie de código, como é tão comum entre os padres católicos, usando com mais frequência as vestes típicas do sacerdócio – embora alunos antigos se lembrem do padre envolvido em aguerridas partidas de futebol.

Já Charbonneau era um homem exuberante. Poucos anos depois de chegar ao Brasil, já falava um português perfeito, com um sotaque francês (ou *québécois*, como preferirão os de ouvido mais sensível) que não se sabia se mantinha por estilo ou por natural limitação fonética (não são poucos os que o conheceram e apostam na primeira hipótese). Com um talento raro para falar e escrever, fazia livros em português, que provavelmente era sua quinta língua, antecedida do francês natal, do inglês vizinho, do italiano necessário para a vida em Roma e do indispensável latim.

Não demorou para que Charbonneau virasse uma espécie de astro na elite paulistana. Poliglota, intelectual preparadíssimo, dono do talento dialético clássico, temperado com uma retórica envolvente, que sua voz potente favorecia, e com a particular experiência trazida já do Canadá de entender, discutir e elaborar as questões de casais num mundo que mudava radicalmente suas posturas, valores e comportamentos, o canadense tornou-se referência para os católicos em busca de respostas que a igreja tradicional já não dava mais. Passou a organizar encontros de casais que se tornaram célebres na cidade, em que dava respostas e devolvia perguntas a uma elite católica que precisava de novas referências ou mesmo de uns trancos aqui e ali. Charbonneau foi a resposta conciliadora a um debate político que fervia em seus primeiros tempos no Brasil. Negava, até com sarcasmo, a alternativa socialista que, já nos anos 60, começava a seduzir boa parte do clero do Terceiro Mundo. Ao mesmo tempo, identificava e criticava sem dó os arcaísmos que via nesta cidade industrial, mas ainda contaminada por um elitismo agrário de memória escravagista, mais recente e viva do que seria desejável para uma sociedade que se pretendia moderna.

Enfim, Charbonneau era pop. Corbeil era clássico. Um jamais tomou o espaço do outro no Colégio Santa Cruz. Ali, o astro era vice, o *low profile* era o titular. Depois de um período em que Charbonneau dirigiu o ensino secundário, tornou-se o vice-diretor geral do colégio. Ocupou esse cargo até o final da vida. Ambos tinham um projeto que, com ritmo prudente e seguro, iria se concretizar já lá pelo fim dos anos 70, que era o da laicização do Santa Cruz. Não se tratava de tornar-se laico por uma questão moral ou, menos ainda, por ter a religião em segundo plano. A laicização consagrava um princípio que, ao fim e ao cabo, remete ao que há de mais remoto e ao mesmo tempo de mais moderno na visão católica do mundo: a ideia de receber a todos, de abrir os braços, tal qual pregavam figuras tão diferentes do universo religioso como São Francisco de Assis, João XXIII, Teillard de Chardin ou o surpreendente Papa Francisco. Algo como educar bem sem olhar a quem, na tradição consagrada das universidades católicas, em que o conhecimento ocidental floresceu.

Corbeil e Charbonneau construíram juntos uma obra rara. Lucy a conhecia: Nicia tinha começado a trabalhar lá como professora de biologia, e, nos tempos da barra pesada da Maria Antônia, lembrou aos diretores da casa que tinha uma irmã com um talento especial para ensinar química. Logo química, essa área tida como tão árida.

Lucy não chegaria a ir ao lado certo da Rua Maria Antônia. As circunstâncias – mais uma vez – a levariam a outro canto da cidade: a quase periferia desbravada pelo padre Corbeil.

Uma oportunidade sem fratura: testosterona posta à prova

Nicia, penúltima dos quatro irmãos de Lucy, tinha se formado em Biologia na Universidade de São Paulo e, naquele fatídico 1968, era já professora de biologia no Colégio Santa Cruz. Tinha chegado lá havia três anos. Antes, havia montado uma pequena escola de inglês, no ano em que voltou de uma temporada nos Estados Unidos, quando seu marido, Luiz Edmundo, tinha sido convidado como professor-pesquisador na Universidade do Texas. Nessa escola, teve entre seus alunos ninguém menos que sua própria mãe. Com Nicia, Placidinha, sempre interessada e atenta, pôde ter mais uma curiosidade satisfeita – nunca é tarde para aprender, afinal.

Mas ensinar inglês não era o que realmente interessava a alguém com uma relação tão intensa com a ciência. A condição de mãe já havia feito Nicia abrir mão da carreira universitária, mas não do conhecimento científico. Tal como Lucy, decidiu seguir uma carreira de professora de ciência – no seu caso, biologia. Já mencionei aqui o entusiasmo e o envolvimento que a atividade de educar trazia às duas irmãs, ambas atribuindo aos educadores do Ginásio Perdizes essa condição. Nicia logo conseguiu uma vaga no Colégio Santa Cruz, onde, mais tarde, daria aula de matemática seu cunhado Luiz Eduardo, irmão mais novo de Edmundo e uma espécie de mascote da família, pelos dezoito anos de diferença para o irmão. Se bem que mascote talvez não seja o termo mais adequado para definir Eduardo, que, pela compleição física e altura, levaria pela vida a alcunha de "Eduardão", desde esses tempos de professor até bem mais adiante, quando veio a tornar-se o diretor-geral do colégio.

O fato é que Nicia acabou sendo convidada para assumir as classes de biologia, junto com a professora Maria de Lourdes Canto, já mais experiente, que não tinha como assumir mais todas as salas daquela escola que crescia. Desde o início, seu percurso no Santa Cruz foi muito bem-sucedido. Dava-se bem e era respeitada pelos alunos, era próxima e atenta aos colegas de ofício e passou a merecer mais e mais confiança das lideranças da instituição, desde o padre Corbeil até o diretor do científico, Isame Maeoca.

Naqueles anos difíceis, não à toa chamados "de chumbo", as duas irmãs seguiam muito próximas, dividindo tanto as angústias quanto as boas novas, que lhes vinham de motivos iguais e de outros diversos. Em suas conversas, aparecia o Santa Cruz como uma saída para Lucy deixar de uma vez o lado errado da Rua Maria Antônia – aquela convivência havia chegado a um ponto em que ela talvez preferisse sair sem outra colocação a ter de passar seus dias sob um clima carregado, em que colegas próximos defendiam a ditadura e, direta ou indiretamente, a violência contra qualquer voz que a contestasse, mesmo pacificamente. Lucy já estava no Santa Maria, escola de freiras de uma ordem ligada à Congregação de Santa Cruz, e, mais do que isso, já era conhecida dos diretores de lá, a ponto de ser chamada eventualmente para ajudar na confecção e análise de exames de seleção. Ocorre que todas as vagas lá estavam bem preenchidas. Não havia, claro, o que Nicia pudesse fazer a esse respeito. Lucy nem pensava na possibilidade de uma nova fatalidade, outra perna quebrada ou acidente, como ocorrera no Mackenzie, ser a razão de sua entrada para o colégio dos padres canadenses.

Mas eis que a testosterona acabou cumprindo um papel inesperado. Naquele colégio só para rapazes, dá para imaginar o que era uma classe de 36 alunos de catorze anos de idade. Machos em formação, aprendendo a rugir. Hormônios secretados à farta. Nenhuma mãe por perto, nenhuma colega do sexo oposto – é incrível, e o Santa Cruz perceberia isso muitos anos depois, como a presença feminina melhora as relações gerais em uma escola para adolescentes. Toda a vontade de desafiar trazida não apenas pela fisiologia, mas também pela condição de filhos da elite, acostumados a fazer valer muitas de suas vontades em casa, vinha à tona entre aqueles adolescentes. Aquilo era uma arena romana cheia de jovens leõezinhos à espera de um cristão de beca para exercitar suas jovens garras.

Esse cenário muitas vezes criou uma dificuldade especial ao Santa Cruz para a seleção e a manutenção de professores. Os de química se sucederam de forma quase frenética, naquele finalzinho dos anos 60. Com a saída de um professor homem, o colégio contratou duas mulheres para dar conta da cadeira, difícil já pela própria natureza: no começo de 1968, aquele ano crítico, a matéria foi dividida entre duas novas professoras recém-contratadas. Uma era Vera Lúcia Lopes Duarte, jovem, recém-formada, mas com experiência em cursinho preparatório de vestibular. Sua parceira somava um talento para a ciência com alguma rejeição a dar aula a filhos da elite. A dupla parecia ser mais do que o suficiente para dar conta da demanda. A escola tinha muito menos alunos do que tem hoje no Ensino Médio. Entre teoria e laboratório, cabia, na carga das duas, propiciar o ensino adequado para o número de garotos àquela altura matriculados.

Diferente de Vera, que já naquele tempo, com a experiência de cursinho, havia aprendido a ser objetiva, concisa e precisa em suas aulas, além de já ter adquirido alguma experiência para dar limites a adolescentes inquietos, sua parceira de disciplina tinha outras características. Aparentemente, poderiam ser boas para uma escola de garotos: era muito falante e, em sala, costumava acrescentar ao vocabulário científico umas palavras bem mais cabeludas, talvez por achar que, assim, iria se impor àquelas classes cheias de rapazes. É de se imaginar que isso provocasse um tipo de tensão em sala que daria o resultado contrário ao que ela parecia esperar. Some-se a isso sua encanação com a condição de elite que via nos alunos do colégio, o que lhe parecia de certa forma afrontar seus princípios políticos ou éticos.

Era boa a chance de não dar certo. Dito e feito: um dia — a memória coletiva não sabe bem —, um aluno propôs a ela, ela propôs a um aluno ou a selva natural que era uma daquelas salas de aula propôs por si mesma, em geração espontânea e pouco científica, que se fizesse uma escalada de palavrões: quem saberia os piores impropérios? Ao que narra a memória não escrita desse episódio, palavrões foram trocados entre professora e alunos como num barulhento pingue-pongue escatológico. Quem já trabalhou com uma sala de aula e sua dinâmica sabe que não é difícil perder o controle sobre um grupo quando se deixa desaparecer o interesse comum (no caso, o conhecimento) ou a autoridade de quem lidera. A brincadeira, obviamente, não acabou bem, e há versões que descrevem a professora se colocando de pé sobre a mesa, berrando impropérios, com os alunos respondendo em altos brados. Um desastre. Evidentemente, ela não quis ficar no colégio nem mais um dia (e é certo que a direção concordaria sem delongas com essa decisão). Curiosamente, esse episódio quase dantesco fez com que sua personagem principal decidisse seguir carreira universitária, na qual, ao que consta, se deu muito bem. Prova de que há uma diferença importante, de formação e de vocação, para o professor do Ensino Médio e o professor universitário. Para este, a ciência pura muitas vezes basta (quanto não ouvimos, já na universidade, as queixas sobre os professores que "apenas sabem, mas não transmitem", "um gênio, mas um professor ruim", "só pensa na tese dele"?). Para aquele, é preciso conquistar, trazer o aluno para sua ciência, entender e criar empatia. Aquela professora talvez não fosse talhada para a educação no sentido mais amplo, mas mostrou que era para a ciência.

Com isso, a química parecia continuar crítica no Santa Cruz. Isame Maeoca, então, consultou Nicia sobre como substituir, mais uma vez, um professor da matéria. Não era fácil domar aquelas promessas de feras (em vários sentidos) que o padre Corbeil havia juntado em seu projeto de educação.

Nicia, antes de tudo, concordou com a aceitação do pedido de demissão da professora envolvida naquele conflito extremado. Não havia como conciliar naquele caso. Sugeriu, então, que Isame conversasse com Lucy, já que ela estava firmemente determinada a sair do Mackenzie. O diretor concordou e chamou-a para uma entrevista.

A vaga, desta vez, apareceu sem que ninguém tivesse precisado quebrar nenhum osso. Perguntada se aceitava o desafio, Lucy não hesitou — havia aceitado outros, e sempre tinha correspondido às expectativas. O detalhe de que era uma mulher fisicamente de compleição quase franzina — ao contrário de Nicia, que tinha puxado o lado Wendel, com seu porte nórdico, alta e encorpada, Lucy saíra à mãe, mais brasileiramente *mignon* — não pareceu ser empecilho. Durante a entrevista, no entanto, ela tentou advertir os novos patrões de que havia algo a pesar na decisão. Talvez tenha parecido inverossímil, talvez tenha sido decisivo, a favor dela:

— Tem um ponto que preciso deixar claro: eu sou brava.

Tudo indica que a observação foi bem aceita. Isame Maeoca, o diretor do colegial àquela altura, era um homem que equilibrava muito bem rigor e diálogo. Aliás, vale a pena parar aqui e contar um pouco da história de Isame.

Isame Maeoca era um educador por natureza e gosto. Engenheiro formado pela Escola Politécnica da USP, só foi exercer a engenharia de fato muitos anos mais tarde, já depois de aposentado. Seu prazer era ensinar, educar. Era um professor por vocação, e tinha gosto e orgulho por isso.

Filho de imigrantes japoneses, Isame vinha de uma família já um tanto diferente das famílias tradicionais japonesas. A mãe era divorciada e veio com o segundo marido para o Brasil. O casal se estabeleceu em Duartina, interior de São Paulo, onde Isame nasceu. Quando ele tinha oito anos, a família foi ao Japão visitar a terra natal e apresentá-la ao filho brasileiro. Na volta, uma tragédia: o pai é acometido de um mal súbito e morre no navio. De acordo com as normas internacionais de marinha mercante, o corpo é jogado ao mar, após uma breve solenidade.

Na volta, coube à mãe comandar a casa, e ela o fez com bravura. A escola era algo fundamental, e Isame cursou o primário e o ginásio no interior. Além de Duartina, estudou em Tupã e Bauru, sempre em escolas públicas. Na hora de cursar o secundário, Isame prestou exame num dos melhores e mais concorridos colégios de seu tempo, o Colégio Roosevelt, da capital. Era um tempo em que a escola pública tinha um padrão superior de qualidade para São Paulo. Ótimo aluno que era, passou e, então, mudou-se para a capital. Do Roosevelt, passou direto para a Politécnica.

Ainda estudante, começou a namorar Egle, que viria a ser sua mulher e com quem teria três filhos. A essa altura, já era professor de matemática e geometria. Deu aula em diversos colégios importantes de São Paulo, como o Santo Agostinho e o Mackenzie. Mas foi no Santa Cruz, onde chegou em 1963, que consolidou sua carreira. Isame unia um rigor e uma serenidade tipicamente orientais com uma alegria e um saber viver de um brasileiro da gema. Em pouco mais de cinco anos de Santa, tornou-se diretor do colegial. Isso não o impediu de continuar dando suas aulas. Acumulava as funções. Olhando educadores como Isame e outros tantos que passaram pelo Santa Cruz, o que se supõe é que a sala de aula recarrega a pilha do professor que está em função de direção. Eduardo Magalhães, Flávio Di Giorgi, Malu Montoro, a própria Lucy, sem falar no padre Charbonneau, procuravam manter suas atividades em sala de aula quando assumiam funções de direção.

Isame tinha uma particularidade: era o que se pode chamar de um homem livre, quase zen. Não tinha muito apego à solenidade de seu cargo, era um diretor objetivo, sem as vaidades naturais a que um cargo como o seu poderia levar.

Gostava de jogar tênis, assim como o padre Charbonneau, e era comum vê-lo batendo bola com alunos. Muitos deles contam que Isame lembrava os nomes de ex-alunos gerações afora. Sabia identificar um aluno que fosse filho de ex-aluno e, deste, lembrar o nome sem grande esforço.

Depois de aposentado, Isame realizou o velho sonho de morar na praia: mudou-se para Ubatuba. Tinha um terreno na praia da Lagoinha, comprado anos antes, onde iria construir uma casa. Para se ter uma ideia de como era simples e ao mesmo tempo decidido, em vez de ficar morando em São Paulo até construir sua casa na praia, mudou-se com Egle para um camping, onde morou num trailer, enquanto a casa era construída.

Mas seu lugar predileto ali era a Praia Grande do Bonete, aonde se chega até hoje apenas de barco ou a pé. Ali construiu uma casa que era um pequeno paraíso para os filhos e netos, que ele adorava ter perto.

Na praia, o educador continuou educando. Dava verdadeiras aulas aos netos, usando recursos simples. Salvou alguns deles de incômodas segundas épocas.

Isame se foi em 2016, pelas sequelas de uma queda. Foi feliz porque construiu a própria felicidade.

Lá vem o Santa Cruz

Lucy foi contratada pelo Colégio Santa Cruz para assumir o que era então um problema. Seria crucial resolvê-lo – afinal, a última coisa que o Santa Cruz precisava era de alunos inviabilizando seu projeto pedagógico naquele momento tão especial de sua história. Seria preciso educar, o que não é simples. Àquela altura, o colégio ia-se tornando também um dos lugares em que o debate, oprimido pela ditadura em vigor e em pleno recrudescimento do autoritarismo mais escancarado, tinha algum oxigênio para prosperar, e algumas das melhores cabeças para levá-lo a cabo.

Um fato importante trouxe boas perspectivas para a recém-chegada, já desde antes da primeira entrada em sala de aula: a outra professora de química, que seria sua parceira de trabalho dali em diante, era ninguém menos que sua ex-aluna do Colégio Roosevelt, Vera Lúcia Lopes Duarte, agora já se apresentando com o nome de casada, com que ficaria conhecida não somente como professora, como também como diretora de mais de uma escola e autora de referência de livros didáticos. A jovem ex-aluna já era então a professora Vera Novais.

Para Lucy, ao desafio de encarar uma classe de 36 adolescentes que haviam vencido o embate de derrubar uma professora, somava-se o de começar um trabalho com o bonde já andando: ela teria de dar a matéria a partir do ponto em que a antecessora havia largado. E isso já no meio do segundo semestre. Era preciso avaliar melhor esse ponto, entender objetivamente até onde a matéria havia avançado e quais as lacunas a preencher, para poder ir adiante. Mas havia algo mais a resgatar: alguém ali precisaria lembrar àqueles jovens a quem cabia mandar e a quem cabia obedecer. Uma fórmula, de resto, não tão complicada.

Lucy então decidiu que sua primeira aula não seria uma aula, seria uma prova. Em sua estreia, chegou à sala como uma pilha de folhas de papel mimeografadas, com perguntas básicas sobre o conteúdo que deveria ter sido aprendido até ali. Depositou a papelada sobre a mesa, apresentou-se e explicou o que faria: como estava pegando o bonde de outra condutora, e andando, precisava saber em que pé estavam os alunos. Acrescentou que aquilo não seria apenas uma avaliação informal: tratava-se de uma prova, à qual seria atribuída uma nota, que contaria para a nota daquele bimestre. Ou seja: mau desempenho ali trazia o sério risco de uma recuperação naquele período, o que poderia até acarretar uma segunda época, numa hipótese mais sombria. O zum-zum-zum na sala foi grande – aquele não era um dia de provas, ninguém havia avisado que haveria uma prova, ali no colégio as coisas não funcionavam assim... Lucy apenas ponderou que, quanto mais tempo se perdesse com discussões inúteis, menos tempo sobraria para fazer a prova.

Todos receberam então suas folhas com as questões escritas com a letra de Lucy – curiosamente, ela preferia fazer as provas desta forma: em vez de datilografar o estêncil, escrevia à mão sobre ele. O mimeógrafo era um instrumento simples de impressão, muito usado em escolas e mesmo em algumas gráficas de menor porte, para a reprodução em pequena escala de material impresso. Usava-se uma matriz, o estêncil, que era nada mais do que um "sanduíche", com papel encerado dos dois lados e tinta semelhante à de papel-carbono no meio. Ao receber pressão de um lado – como a de uma ponta seca de uma caneta esferográfica ou do tipo de uma máquina de escrever – o outro deixava "vazar" a forma desenhada. Esse estêncil, agora marcado, era colocado em um cilindro encaixado ao meio de uma máquina e provido de uma manivela ou de um pequeno motor elétrico, que o fazia girar. Jogava-se álcool ali para embeber o estêncil e fazia-se a máquina rodar, manual ou mecanicamente. O álcool dissolvia a tinta e fazia com que a marca feita no estêncil fosse decalcada sobre o papel passado sob o rolo, um a um.

A classe emudeceu ante aquelas folhas ainda cheirando a álcool. Aos poucos os alunos foram terminando de preencher as questões e, um a um, saindo da sala, com ar de surpresa. Depois de o último aluno deixar a prova resolvida sobre a mesa e sair, lá se foi Lucy à sala dos professores. Ali, respirou aliviada com o sucesso da primeira parte da empreitada com os alunos e começou a conhecer os que seriam seus companheiros, vários deles por muitos anos depois daquele dia. Alguns viriam a ser seus melhores amigos.

Dois dias depois, Lucy voltou à sala de aula de sua primeira turma. Nas mãos, as provas corrigidas. O resultado, como ela esperava, havia sido deplorável. A média geral não passava de 4.0, o que mostrava que havia ali muito trabalho a ser feito e que aquela classe teria muitos candidatos a recuperação já no final daquele bimestre. O sistema no Santa Cruz era simples: a cada um dos quatro bimestres (chamados "períodos", já que não chegavam a durar dois meses inteiros), eram atribuídas aos alunos notas baseadas em provas, participação em sala de aula, tarefas domésticas e, mais raramente, apresentação de trabalhos. Eram cinco as notas, que mudaram de código ao longo dos anos, mas que podem ser entendidas pela forma mais recente: A, B, C, D e E, em que C era o mínimo aceitável, B era o esperado e A era acima do esperado. D e E eram as chamadas notas vermelhas, que reprovavam o aluno no período – as notas temidas por todos. Nas provas que Lucy trazia corrigidas, a quase totalidade indicava um D ou um E.

Ao entrar na classe, uma surpresa: apenas um aluno presente. Todos os outros, em função da dificuldade geral encontrada na prova, haviam decidido fazer uma espécie de greve: boicotaram a aula e não apareceram. Como é que uma professora podia chegar ali e colocá-los naquela situação? Mas isso não era uma questão para ela. Calmamente, pegou a lista de chamada e foi lendo nome a nome. A cada silêncio, uma marca de falta. Quando terminou, fechou a lista marcada com apenas uma presença e começou a dar a aula. Alguns minutos depois, o aluno único pediu a palavra e perguntou:

– Professora, só estou eu aqui. A senhora vai considerar a matéria dada?

Lucy respondeu com um sorriso:

– Claro. Há um aluno em sala, ele tem de ser respeitado. Aliás, se só estivesse aqui metade de um aluno, eu consideraria a matéria dada – desde que fosse a metade de cima, que é a que pensa.

Depois desse dia, o resultado das provas foi publicado no mural de classe, no térreo do prédio do colegial, logo junto à entrada por onde os alunos tinham acesso a um salão de convivência em que ficava, de um lado a cantina, com um longo balcão curvo de fórmica amarelada, e do outro, uma espécie de mureta baixa e larga, que fazia o papel de banco, onde os alunos se sentavam para conversar, sempre uns decibéis acima do que se esperaria de uma conversa audível. Naquele mural, um quadro atrás de duas lâminas de vidro de correr, eram divulgadas as notas dos alunos a cada rodada de provas e, no fim do período, o resultado médio de cada matéria.

O desastre, agora, era público. Sem ter para onde correr, os hormonizados alunos daquele primeiro ano entenderam o código daquela matéria e da mulher que a ministrava. A testosterona se acomodou e tudo andou muito bem dali em diante.

Uma aula de Lucy

Uma aula de Lucy quase nunca era uma aula comum. Era raro sair de uma delas sem a sensação de uma nova descoberta, mesmo que simples. Havia, claro, momentos de revisão, como em todo curso de uma matéria muitas vezes complexa como química. A diferença, nessas aulas, estava justamente em mostrar o caminho que levava à clarificação dessas eventuais complexidades.

Há professores que usam muito bem o quadro-negro como apoio para a transmissão dos conteúdos de suas matérias em uma aula. Outros se apoiam na lousa apenas quando é estritamente necessário, quase ao acaso, na hora de reforçar um conceito ou de deixar clara a escrita de um nome difícil de anotar apenas pela fala. O professor Flávio Di Giorgi usava o quadro eventualmente. Sua aula era baseada na fala, que encadeava um assunto no outro e assim seguia ao longo dos cinquenta minutos, que corriam como quinze. O que colocava na lousa eram os fragmentos necessários para a compreensão do que estava a expor – nomes de autores, radicais etimológicos, caracteres do alfabeto grego, palavras novas. "Hyster."

Hyster. Pronunciada essa palavra, Flávio escreve na lousa: ὑστέρα (algo como "üstéra", no nosso alfabeto, com o "u" inicial pronunciado como o do francês, uma mistura de "u" e "i", o famoso fonema do "biquinho"). A partir daí, começa a discorrer sobre a relação da palavra "útero" em grego com a designação psiquiátrica "histeria", quase escancaradamente "doença do útero". E em seguida, depois de contextualizar o período em que aparece essa designação, com a opressão sobre a mulher que imperava no século 19, segue com uma descrição dos sintomas e das teorias sobre a origem do problema, desaguando na psicanálise. Do útero a Freud, dos gregos à ciência moderna, com apenas três palavras escritas a giz: "Histeria", "ὑστέρα" e "Freud" (que precisava de registro escrito até por conta da representação fonética do alemão). É possível que, nesse dia, a lousa ainda tivesse recebido o nome "Breuer", o registro "hipnose", a palavra "catarse", tudo indicando marcos esparsos do que ele contava sobre as descobertas sucessivas que foram levando ao estabelecimento de uma nova terapêutica e mesmo de um outro ramo da ciência. Mas a lousa de Flávio era apenas suporte para anotações do que a socrática palavra falada mandasse. Se um aluno buscasse anotar o que estava na lousa como registro do conteúdo colocado em aula, provavelmente teria dificuldade em resgatar depois o que havia sido exposto ao longo daqueles cinquenta minutos.

Lucy não tinha uma lousa exuberante. Mas era clara e organizada. Com sua letra miúda, ia colocando no quadro os conceitos gerais, mas, tão importante quanto, as resoluções de problemas, as reações químicas mais relevantes, os processos. O que são íons? O que é uma ligação covalente? O que é uma reação ácido-base? Que exemplos ilustram bem cada ideia? Como é montada a estrutura orgânica mais simples? Como se dá uma isomeria cis-trans? Os conceitos iam todos aparecendo lógica e calmamente na fala, mas com o ponto central sintetizado no quadro. Lucy tinha lousa – e uma caligrafia peculiar de que, aposto, todo ex-aluno se lembra.

Começava pelo lado esquerdo do longo quadro verde, que tomava toda a frente das salas de aula. Aos poucos, metade do espaço ia sendo ocupado pelos conceitos que resumiam a explicação falada e, então, um traço de giz, quase desleixado, marcava graficamente a divisão do quadro para a continuidade da exposição, na outra metade do espaço. Se os cinquenta minutos de aula rendessem a necessidade de usar uma terceira metade da lousa, Lucy pedia licença à sala para apagar a primeira metade, a do lado esquerdo, garantindo assim que todos tivessem anotado o conteúdo colocado ali, e seguia a aula, registrando as novas notas em giz sobre o quadro.

Giz, aliás, era um problema para Lucy. Uma alergia tornava difícil a vida de uma professora que usava aquele bastãozinho de forma estratégica em sala de aula. Uma curiosidade química importante: os primeiros bastões de giz eram compostos por carbonato de cálcio, substância bastante pacata no que se refere à provocação de reações alérgicas. Mas o nosso giz contemporâneo é feito de gipsita, sulfato de cálcio, que provoca reações complicadas em quem tenha sensibilidade a ele. Lucy tinha. Como resolver?

A primeira ideia foi proteger os dedos, já que a alergia se dava pelo contato direto com a pele. Passou a usar, sobre o polegar, o indicador e o médio, uma proteção feita de dedos recortados de luvas cirúrgicas. Depois de algum tempo, foi lançado no mercado o giz antialérgico, que na verdade era feito da mesma matéria-prima do giz comum, mas trazia uma fina película plástica envolvendo cada bastão. Com isso, Lucy passou a levar suas próprias caixas de giz, em vez de usar as que o colégio fornecia para cada sala. Elas se tornaram parte de sua rotina, junto com o guarda-pó branco que sempre vestia sobre sua roupa, e no lugar dos recortes de luva plástica, devidamente aposentados.

E não é que mesmo a caixinha de giz antialérgico podia trazer um "aliás" pedagógico? O administrador público Eduardo Paiva, que foi aluno de Lucy entre 1973 e 1975, lembra de uma aula em que ela discorreu sobre teoria científica. Com a caixa na mão, pergunta: "O que pode haver aqui dentro?". Da resposta geral, "Giz!", vêm novas perguntas, hipóteses, contradições, desafios: "Como você pode ter certeza?". A pergunta básica leva ao questionamento do que é essencial: o que compõe o saber científico? Quase nunca é o que achamos. Sempre é o que provamos. Da caixa de giz à negação da teoria da geração espontânea, o passo é claro: em ciência não existe "é claro" se não houver prova experimental, atuar sobre o objeto investigado e ver como ele reage. Chacoalhar a caixa de giz, por exemplo, daria pistas para boas hipóteses. Abri-la daria respostas ainda mais claras.

Assim era Lucy em sala de aula. A influência de Paschoal Senise parece clara, no que se refere à visão de que o debate, o colóquio, a discussão dos resultados obtidos à luz da fundamentação teórica eram essenciais para a consolidação dos conceitos apresentados. Mas há uma originalidade no que Lucy realizou. Senise tinha como público futuros químicos. Lucy tinha o desafio de despertar o interesse científico em jovens que apenas haviam começado a entender o que era ciência – e boa parte deles não tinha lá maior interesse nisso. E ela tinha um desempenho bastante impressionante nessa missão, já que vários de seus alunos tiveram nela o impulso para seguir carreira em campos como a própria química ou a física. É o caso de Paiva, que se encantou pela química, a ponto de querer seguir esse campo na universidade. Mas, ao contrário do que aconteceu com Lucy, na hora de se inscrever para o vestibular, acabou trocando a ciência pura pela engenharia química, convencido pela família de que, de outra forma, teria de se contentar com uma carreira no magistério ou na universidade. "Percebi tarde demais que engenharia química não era química, e terminei então optando por uma carreira na área de administração de empresas", conta ele, que, na nova opção, construiu uma carreira – mas manteve um olhar sobre ciência e, mais ainda, sobre o ensino, o que o levou, mais tarde, a dar aulas a turmas de pós-graduação.

Obviamente, Lucy não era uma unanimidade (aliás, como bem cunhou Nelson Rodrigues, "toda unanimidade é burra"; de fato, ser amplamente majoritário é muito melhor). Ouvi de dois ex-alunos a descrição de um sentimento de tensão. Um empresário da área de turismo me disse que as aulas de Lucy eram, para ele, momentos tensos, uma vez que ela era muito exigente e ele não cursaria nada, depois, que envolvesse química. De uma ex-aluna, hoje psicóloga, ouvi algo parecido: "Eu não gostava, era muito difícil para mim, ela era muito rigorosa". Mas a voz geral é outra.

A médica Maria Machado Mastrobuono Nesti, formada no Santa em 1977, conta que era uma aluna dedicada e atenta, mas tímida. "Eu aprendi muito com ela, a ponto de 'gabaritar' em química na primeira fase da Fuvest, mas o que eu tenho de mais marcante na memória é o quanto ela era acolhedora e compreensiva." Maria se lembra de uma ocasião em que, pouco antes do fim de uma aula, teve uma sensação de ansiedade, certa falta de ar, e saiu da sala sem pedir licença e sem que o sinal sequer tivesse tocado (sinal que, aliás, na aula de Lucy, não era autorização para sair, era apenas um aviso – ela é que autorizava a saída, quando tivesse concluído a aula). Depois de refeita do mal-estar, passados alguns minutos, Maria resolveu voltar à sala para se desculpar da saída inopinada. Estava certa de que ouviria um sermão, mas o que encontrou foi um sorriso e um gesto de acolhimento, acompanhados de um "Está tudo bem". Foi apenas o que ouviu, e foi o suficiente.

Outro aluno que definiu sua opção de carreira por causa de Lucy foi o hoje engenheiro químico Sérgio Oliveira Machado, que se formou no Santa Cruz em 1976. Sérgio tinha uma vaga noção de que iria para a área da Engenharia, por influência da família, proprietária de uma construtora. O mundo dos cálculos, projetos e engenhocas era muito próximo. Mas a escolha da especialidade deveu-se às aulas de Lucy, que ele descreve como momentos de fascínio, diante da clareza lógica do que ela expunha, da fundamentação que vinha numa sequência fluente e coerente. E nada de decoreba, a não ser em fórmulas não passíveis de dedução. O engenheiro químico não apenas atribui sua escolha a Lucy, como a considera a melhor docente que teve em toda a vida – incluídos aí os anos de universidade.

Tal depoimento me surpreendeu, já que não era a primeira pessoa a me dizer exatamente isso. Semanas antes, numa outra conversa, o médico ortopedista Pedro Doneux, contemporâneo de Sérgio no Santa Cruz, havia me dito a mesma coisa, o que já tinha me parecido inusitado. Agora, me via diante de dois casos de ex-alunos de Lucy, ambos formados em duas faculdades de ponta em suas especialidades – Sérgio, na Escola

Politécnica da USP, e Doneux, na Faculdade de Medicina da Santa Casa de São Paulo –, a colocavam no patamar mais alto de sua formação.

Meu próprio caso, embora não tão impactante quanto esses dois que narrei, também é exemplo da atração que Lucy provocava pela ciência em alunos das mais variadas aptidões. Sempre mais interessado em ciências humanas – cheguei a cursar Arquitetura e acabei me formando em Letras –, na hora de escolher em que especialidade seguir pelos dois anos finais do colegial, optei por uma sala de ciências biomédicas. Em grande parte, para seguir assistindo às aulas de Lucy.

Havia dois aspectos que marcavam a atuação de Lucy em sala de aula. O primeiro é que ela valorizava a manutenção de vínculos afetivos com os alunos, sendo lembrada até hoje por isso. Ao mesmo tempo – e de forma complementar, considero eu –, ela era muito exigente. Parecia ver no aspecto humano um ponto central da relação professor-aluno, algo formador em um sentido muito mais amplo do que a simples transmissão de conhecimento objetivo. Nisso, era coerente com sua própria trajetória enquanto estudante que havia recebido, desde os tempos do Ginásio Perdizes e, depois, na Figueira, um tratamento humano de primeira qualidade.

O rigor era proporcional ao nível de esforço que ela considerava necessário para o bom aprendizado da ciência. Lucy sempre afirmava não haver como ir em frente nesse campo sem muita dedicação. Fator, aliás, fundamental a sua própria formação. Com isso, para muitos ex-alunos, ficou uma lembrança de severidade. A memória, no entanto, traz a mim muito mais a imagem de uma professora que sabia o que poderia demandar dos alunos e o que eles deveriam entregar de volta. Exigia nessa medida, nem um grau a menos. Mesmo assim, era capaz de reconhecer situações em que seria importante apoiar um aluno menos preparado, quando mesmo com esforço adequado não acompanhasse o curso no ritmo que ela considerava ideal. O administrador Wagner Coura Mendes foi aluno de Lucy em 1969, primeiro ano completo dela no colégio. Wagner tinha vindo de Sorocaba, onde morava sua família e onde ele havia cursado o primário e o ginásio, para estudar no Santa Cruz, onde um tio seu trabalhava na área administrativa. Era um passo importante para sua formação e, de resto, para seu futuro. O tio, Nelson Coura, não apenas o orientou sobre os procedimentos para sua mudança de escola, como o recebeu em sua casa como um filho, depois da dura prova que era o exame de seleção. Wagner passou com esforço, mas lembra que não era fácil para ele cursar uma escola tão exigente apenas com a formação que trazia de Sorocaba. Não vamos esquecer que era o espaço de professores como Flávio Di Giorgi, o padre Charbonneau, Antônio Mendonça e outras feras. Havia um degrau a escalar, e esforço era algo que não faltou a Wagner durante todo esse processo. Ao descrever sua relação com Lucy, ele faz um retrato falado do que era a educadora acima da professora de química. Com ele, Lucy tinha atenção redobrada e um cuidado especial. Nada de favorecimento, é bom que se diga. Mas jamais exigia acima do que um aluno genuinamente dedicado e aplicado poderia responder. Ao mesmo tempo, lhe dedicava uma atenção a mais, que talvez não fosse tão necessária para um daqueles alunos fora da curva, mas que, para Wagner, era decisiva. Essa atenção, ele lembra, jamais lhe faltou.

Mas aos alunos fora da curva Lucy dedicava também uma atenção especial, justamente por ver neles pessoas que poderiam levar a ciência adiante ou aplicá-la de forma especial no futuro. Não por outra razão, ela tomou um susto quando um de seus alunos mais promissores da classe de ciências exatas, Eduardo Vassimon, um dia a chamou para uma conversa e disse que tinha mudado de opção de carreira. A Engenharia, que até ali – final do segundo ano colegial – tinha sido sua escolha entre as áreas que o colégio oferecia, não estava mais em seus planos. Havia decidido mudar para Economia e Administração. Não seria uma passagem fácil, já que, estando no fim do segundo ano, teria perdido quase um ano inteiro da nova especialidade. No Santa Cruz, depois de um primeiro ano de currículo generalista, a partir do segundo, dividiam-se as turmas em diferentes especialidades, ao mesmo tempo técnico-profissionalizantes e dedicadas a uma área do ensino superior. As classes eram conhecidas por siglas de sua área: para Engenharia e exatas, formação técnica em desenvolvimento de estruturas – DE; Medicina e biológicas, formação técnica como laboratorista de análises clínicas – LAC; Arquitetura, formação técnica em desenho arquitetônico – DA; Ciências Humanas, formação técnica como auxiliar de desenvolvimento de comunidades – ADC; e Economia e Administração, formação técnica como auxiliar de escritório, AE. Com toda a dificuldade, o aluno havia decidido fazer a troca das exatas pelas não tão exatas.

Decisão tomada, fez questão de conversar com Lucy a respeito. A importância que ele deu a comunicar a ela essa mudança não é algo corriqueiro numa relação professor-aluno. Ele era um dos três melhores alunos daquela classe. Ela era uma referência para ele – que não precisaria, a rigor, ter essa conversa. Mas tomava ali uma decisão determinante para sua vida, e era importante conversar com quem fosse relevante nesse processo pessoal. Quis que de alguma forma ela fizesse parte disso, que referendasse ou questionasse sua escolha.

A conversa foi de compreensão, mas também de advertência: ela lembrou que ele era muito bom em exatas e, se quisesse, tinha tudo para ser um ótimo engenheiro. Mas ele estava decidido, ela percebeu e não insistiu mais. Entendeu que era decisão madura, mesmo que aos incompletos dezessete anos. Ela sabia também, até por experiência própria, que escolher tem um tributo: renunciar ao que não foi escolhido. O tempo fez o resto, e mostrou que mudar, ponderando as dificuldades e os novos caminhos, pode ser algo decisivo para uma realização pessoal.

O fato é que esse contato que ia acima da mera relação ensinar-aprender fez das aulas de Lucy momentos importantes para a trajetória de muitos de seus alunos. Sua postura já educava, na medida em que sabia ser exigente e, ao mesmo tempo, entender a situação de cada aluno – a ponto de, em uma dessas festas comemorativas de datas redondas do Colégio Santa Cruz, Lucy se lembrar, a partir de uma pergunta de uma ex-aluna, de um colega de classe desta, vinte e tantos anos depois: "Você se lembra dele, Lucy?". "Ah, se lembro, esse não gostava de estudar." Vinte e tantos anos depois.

Terminava a aula quando Lucy dissesse que havia terminado. A campainha era apenas um aviso. Nas aulas de Lucy não acontecia a cena da debandada quando tocava o sinal, tão comum em qualquer escola de adolescentes. Cada um ali sabia quem é que dizia quando a aula havia terminado. E terminava invariavelmente com um sorriso de até a próxima aula.

A intensidade da vida professora

Para quem temia ficar presa ao trabalho em tempo excessivo, como Lucy, ao recusar o cargo técnico no laboratório Laborterápica, dirigido por seu amigo e ex-colega de faculdade Ney Galvão da Silva, a vida de professora acabou sendo muito mais intensa e envolvente do que ela provavelmente imaginava.

Como vimos aqui, antes de entrar no corpo docente do Colégio Santa Cruz, Lucy havia trabalhado em pelo menos outras quatro escolas: o Beatíssima Virgem, onde começou logo depois de abrir mão do Laborterápica, depois o Mackenzie, em seguida, o Colégio Roosevelt, mais tarde o Santa Maria e, finalmente, o Santa Cruz, onde ficaria até se aposentar. Por opção e identificação pessoal com a escola, Lucy permaneceu como professora no Roosevelt enquanto esteve no Santa Maria e em parte de seu tempo de Santa Cruz. Com isso, sua rotina de trabalho era mais que dobrada, uma vez que incluía uma carga horária extra de locomoção. Só para ter uma ideia, o Roosevelt ficava na Liberdade, bairro central da cidade, o Santa Maria, na zona Sul, perto de Santo Amaro, e o Santa Cruz, na zona Oeste, na expansão do chamado Alto de Pinheiros.

O Santa Maria tinha uma identidade de origem com o Santa Cruz. As freiras que criaram a escola pertenciam a uma ordem – a das Irmãs de Santa Cruz – que tinha nascido da mesma fonte que a dos padres e a dos irmãos de Santa Cruz, criadas a partir da atividade religiosa do padre Moreau, na França da primeira metade do século 19. Dali saíram as três ordens para o Canadá e os Estados Unidos. Não é à toa que Lucy, nos anos em que ainda não tinha chegado ao Santa Cruz, já era chamada pelo colégio para dar suporte em certas decisões, como a confecção dos exames de seleção dos alunos para as novas turmas ou para mudanças curriculares. Mas, até aí, era uma contribuição de um Santa para outro Santa, do Santa Maria para o Santa Cruz.

Com o tempo, as distâncias geográficas foram ficando mais críticas. Quem é de São Paulo sabe que um dos problemas desta megalópole é chegar aos lugares na hora certa. O trânsito, lá pelos anos 1970, já começava a se intensificar. Os de mais de sessenta anos hão de se lembrar das tentativas de resolver o problema, sendo a mais emblemática delas a nomeação de um coronel reformado da aeronáutica, Américo Fontenelle, para comandar o trânsito de São Paulo. Fontenelle havia sido diretor do trânsito no Rio de Janeiro, sob Carlos Lacerda, com sucesso. O então governador de São Paulo, Roberto de Abreu Sodré, nomeado pelo ditador de plantão, resolveu chamar Fontenelle para que fizesse o mesmo por aqui. O homem, então, tomou medidas que ficaram famosas, algumas que duram até hoje, como o uso de diversos tipos de obstáculos móveis para redirecionar grandes fluxos, a troca de mãos de direção de ruas importantes, a quase extinção de ruas de mão dupla (como a Cardeal Arcoverde e a Teodoro Sampaio, em Pinheiros, ou as paralelas da Rua Augusta, em Cerqueira César), reestruturando o sistema viário da cidade. Uma medida ficou mais conhecida: a ordem para que os agentes de trânsito esvaziassem pneus de carros estacionados em local proibido. Os quatro. As medidas foram tão impopulares que o coronel ficou menos de dois meses no cargo.

É da mesma época o uso dos famosos adesivos, que seriam colados no para-brisa dos carros parados em local proibido (uma versão mais *light* da fúria de Fontenelle, e menos violenta, já que o adesivo, cobrindo o vidro da frente, manteria o carro imóvel, da mesma forma que a justiça com as próprias mãos, perpetrada pelo esvaziamento dos pneus). A imprensa cobriu muito bem mais essa inovação, e não poupou o então DET – Departamento Estadual de Trânsito – do fracasso da iniciativa. O tal adesivo, que impediria o motorista de mover seu carro do lugar e só seria removido com um solúvel tão secreto como a fórmula da Coca-Cola, se soltava do para-brisa com um solvente acessível a quase qualquer cidadão paulistano comum: Coca-Cola. Sim, bastava derramar uma farta quantidade do refrigerante sobre o para-brisa adesivado que o adesivo se ia desfazendo como um pudim.

A população ficou tão chocada com os métodos do coronel que o governador acabou por exonerá-lo. Nessa época, Lucy ainda não havia começado no Santa Cruz, mas já estava no Santa Maria. Tivesse eu sido seu aluno àquela época, certamente perguntaria a ela que processo químico explicaria tal efeito do refrigerante sobre o adesivo. É claro que ela saberia responder, com o sorriso bem-humorado de sempre. O fato é que Fontenelle era apenas a demonstração de que se locomover em São Paulo ficava mais difícil a cada dia. Lucy, embora gostasse de dirigir, tinha na locomoção pela cidade uma das partes cansativas do dia. De fato, aqueles tempos de dedicação a mais de um colégio e à casa a obrigavam a atravessar a cidade mais de uma vez por dia. Logo percebeu que precisaria encurtar os caminhos. Os filhos já estavam com a vida encaminhada, o que permitia pensar em um local para morar que fosse mais próximo do trabalho.

Com o que ganhava dando aulas e mais algumas economias que tinha conseguido manter, pôde comprar um apartamento, financiado, no bairro do Butantã. Aquele pedaço da cidade, embora parecesse distante naqueles anos 70, era absolutamente adequado: estava a apenas uma travessia de ponte do Santa Cruz e a poucas quadras da Marginal Pinheiros, portanto, conveniente para quem teria de ter acesso mais rápido aos locais de trabalho. Ao mesmo tempo, o preço dos imóveis do lado oeste do rio Pinheiros era menor. Tudo se encaixou, com racionalidade, conveniência e eficiência. Começava ali uma nova fase, com caminhos mais curtos.

A nova casa permitiria a Lucy ter algo que nunca havia conquistado antes: seu próprio espaço. Até então, tudo tinha sido dividido, tudo era parte de alguma grande família, com as soluções e os problemas que vinham com cada uma delas. O apartamento do Butantã trouxe uma nova condição de autonomia. Era um espaço menor, era certamente mais silencioso, era muito diferente do que ela tinha vivido até ali. Se antes havia Lucy e família – aquela em que cresceu, depois aquela com que se casou, mais tarde a primeira família, mas expandida –, agora havia Lucy e sua casa. Sua casa. Nunca houve distanciamento da família nessa fase, ao contrário, o zelo pela relação familiar sempre foi muito importante para ela. Mas, no Butantã, havia também uma distância e uma conquista, um fruto daquele trabalho iniciado no colégio Beatíssima Virgem, lá nos anos 1950.

Lucy viveu bons tempos ali. Administrou melhor suas atribulações de multiprofessora e se afastou um pouco da gestão familiar. Um pouco é um pouco mesmo: quem conhece a família sabe que esse distanciamento é ou reduzido ou temporário. No caso, foi um ponto de equilíbrio. Lucy ficou no apartamento do Butantã por trinta anos. Só saiu de lá por uma demanda maior: sua filha.

Hidrogênio, lítio, sódio, potássio... lítio?

Lucy era um sucesso entre a maior parte de seus alunos. Ao longo de suas aulas, era capaz de levar os que gostavam de química à compreensão do que aquele ramo da ciência trazia de desafiador e interessante. Mas o que tinha de melhor era a capacidade de mostrar a mesma coisa a quem não gostasse especialmente de química ou de ciência, ao menos como seu campo de interesse para depois dos tempos do colégio. Lucy resgatava ao mesmo tempo a curiosidade dos alunos pela ciência de forma geral, e o engenho da química em particular.

Acho que vale aqui um depoimento pessoal. Fui aluno do Santa Cruz nos antigos ginásio e colegial (atuais Fundamental 2 e Ensino Médio). No meu primeiro ano do colegial, 1974, fui obrigado – era curricular – a ter aulas de ciências exatas, química entre elas. Junto com meus quase 180 colegas, divididos em seis classes, fomos lá todos encarar a vida de aprendizes de ciências, associada à de buscadores de afetos e amores e à de entendedores do mundo. Tudo ao mesmo tempo. Eu era, como sou, muito mais ligado às ciências humanas.

Depois de ter tido um ano de aulas que incluíam física, biologia e química, fui para o segundo ano, a partir do qual os alunos escolhiam suas áreas de especialidade. Havia as opções de duas turmas de ciências humanas, uma voltada à Economia e Administração, outra para carreiras afeitas ao desenvolvimento de comunidades e à ciência humana pura. Havia ainda uma turma dedicada à Arquitetura e às tradicionais de exatas e biomédicas. Depois de ter escolhido a de Arquitetura, me dei conta de que faltava ali, para mim, seguir um pouco adiante no conhecimento da ciência, e acabei optando por cursar os dois anos de biomédicas, mesmo tendo seguido depois, no vestibular, para as humanidades. Hoje, sei que minha curiosidade veio por conta da forma como Lucy abordava sua ciência.

Havia, contudo, algo que ocupava a mente de Lucy de forma bem mais intensa do que a própria química e sua atividade de educadora: era o lado mãe.

Num dos primeiros dias de aula de química para os alunos de minha turma do primeiro ano do Santa Cruz, em 1974, Lucy, explicava a engenhosa Tabela Periódica dos Elementos. Referia-se à coluna da esquerda, que contém o grupo ou família 1 – hidrogênio, lítio, sódio, potássio, rubídio, césio e frâncio. Como comentário adicional, talvez para lembrar que todos aqueles elementos eram mais do que nomes, siglas e números atômicos, mencionou o fato de todos terem alguma função na natureza ou alguma aplicação prática, quando descobertas suas propriedades.

Ela então mencionou o caso do lítio. Um sal, composto por aquele elemento de que ninguém naquela sala havia antes ouvido falar, associado a carbono e oxigênio, formava o princípio ativo usado no tratamento da psicose maníaco-depressiva (esse era à época o nome do que hoje a medicina chama de transtorno bipolar). Acrescentou que tinha um caso em família de uma pessoa que precisava tomar aquela medicação.

Dito isso, seguiu sua explicação sobre a tabela e a genialidade de sua construção. Falou um pouco do inventor, o russo Dmitri Mendeleiev, de como ele, a partir da observação das características comuns dos vários elementos, os havia agrupado de uma forma lógica e em sequência, a ponto de ter deixado espaços em branco na tabela, nos quais, dizia, entrariam elementos ainda não descobertos. Para surpresa geral, ele descrevia também propriedades desses elementos, como ponto de fusão e características de sua oxidação. Eu me lembro ainda vagamente da história de um químico que descobriria mais tarde um dos elementos previstos por Mendeleiev e havia escrito a ele contando que, infelizmente, suas previsões eram inexatas: o ponto de fusão era mais alto do que o previsto e o óxido tinha cor diferente. O russo então teria respondido afirmando que, se os resultados eram aqueles, o elemento não tinha sido devidamente purificado. Quando o fosse, o óxido seria esbranquiçado e o ponto de fusão seria o que ele havia previsto. Semanas depois, chegaria outra carta: uma nova purificação havia sido realizada, e confirmava o que Mendeleiev havia previsto.

Tudo era muito fascinante, mas minha atenção havia ancorado na história do carbonato de lítio. Talvez porque todo jovem aluno busque decifrar a vida de um bom professor – tem família? Onde se formou? Onde mora? Do que gosta? –, talvez porque eu mesmo buscasse decifrar o que era essa tal de depressão. O fato é que o lítio era central na vida de Lucy, por conta de sua filha, a primeira dos três: Lilia

O Santa Cruz e os amigos

Embora sua chegada ao Santa Cruz tenha sido um tanto intempestiva, Lucy encontrou entre os novos colegas pessoas que viriam a ser seus amigos para a vida toda. Comunicativa, alegre, inteligente e com visão sempre clara do mundo a sua volta – isso vinha de família, os Wendel eram politizados, não havia assunto tabu e sempre se buscava aprofundar o que se discutia –, Lucy foi capaz de se relacionar com pessoas que não necessariamente pertenciam a sua área de conhecimento.

Entre seus primeiros amigos no colégio, estava a admirada e controvertida professora de história geral Zilda Zerbini Toscano, cultuada e temida naquela escola para garotos. Vale aqui uma comparação entre Zilda e a desafortunada professora de química que antecedeu Lucy e não aguentou o tranco. Ambas falavam palavrões em sala de aula sem muita cerimônia. Mas Zilda jamais entrava em competição com a classe ou mesmo com alunos individualmente. Era severa – uma lenda, nesse quesito – e exigente. Mulher de porte, com seu um metro e setenta e cinco de altura, voz potente e olhar firme no interlocutor, impunha respeito, fosse a aluno, fosse a pai, fosse a diretor da escola. O contraste físico, e mesmo de atitude, com Lucy não impediu que se tornassem amigas durante todo o tempo em que conviveram. Tempo esse que foi abreviado quando, por divergências diversas, Zilda e um grupo de professores saíram do Santa Cruz para montar um novo projeto educacional.

Nesse grupo estava outra grande amiga de Lucy, esta muito próxima, por conta de sua atividade no colégio: Vera Novais, a professora de química responsável pelo laboratório. Vera era casada com um professor de física e ambos fizeram parte da dissidência que desfalcou o Santa Cruz no início de 1975.

O projeto do grupo era fundar uma nova escola que preservasse valores como liberdade, igualdade, democracia, mantendo uma qualidade superior de ensino, equivalente à do Santa Cruz, mas sem as travas daquela que afinal já era uma grande instituição e, portanto, sem flexibilidade. Em poucos anos, o projeto desse grupo acabou rachando. Zilda fundou sua própria escola, o Palmares, o casal Novais fundou o Galileu Galilei, com outros educadores. Mais ou menos ao mesmo tempo, foi criado o Oswald de Andrade, marco também para a cidade. Foi um momento histórico na educação em São Paulo, que vivia a época em que, poucos anos antes, os cursinhos, de grêmios ou não, ideológicos ou não, haviam formado escolas – casos claros do Objetivo, originalmente de estudantes de Medicina, e do Equipe, vindo do cursinho da antiga FFCL, mas não apenas deles.

Entre os melhores amigos que Lucy teve no Santa Cruz estava o professor de matemática João Affonso Pascarelli. Pascarelli era um mestre, um pensador da matemática de tal qualidade que muitos estranhavam que tivesse uma carreira docente em um colégio do Ensino Médio, e não na universidade, como a maioria dos colegas de sua qualidade e profundidade naquele campo do conhecimento. De fato, Pascarelli iria assumir um merecido posto no Instituto de Matemática e Estatística da Universidade de São Paulo somente nos anos 1980, quando já era um homem maduro. Rigoroso – nesse ponto semelhante a Lucy – e muito zeloso de sua função de professor, Pascarelli associava a severidade a um sorriso largo, mesmo que às vezes com uma certa dose de ironia. Usava sempre um guarda-pó azul-claro, quando o hábito no colégio era usá-lo branco, o que o identificava já lá na ponta do corredor. Conquistava os alunos mais pela admiração do que por gestos de simpatia. Mas, entre os amigos, era tido como uma pessoa especial e afetiva. Pascarelli, morto em 1987, hoje dá nome ao Centro de Aperfeiçoamento do Ensino da Matemática João Afonso Pascarelli (CAEM), do IME-USP.

Outra figura marcante à época – e, até hoje, na memória – do Colégio Santa Cruz foi seu professor de português Flávio Di Giorgi. Aliás, dizer que era professor de português, embora fosse verdade, nem de longe definia por completo o alcance do que abordava. Flávio ia, em suas aulas, da literatura à psicanálise, da história à filologia, da gramática à filosofia. Era um pan-professor.

Sua formação básica era típica de uma família católica rigorosa. Aos dez anos de idade, os pais o colocaram no seminário, em Sorocaba, cidade em que nasceu. Ali permaneceu dos dez aos quase dezesseis anos de idade, quando ficou claro que o sacerdócio não era o caminho que queria seguir. No entanto, jamais abandonou a fé católica ao longo da vida.

Já bilíngue ao entrar no seminário – falava o português natal e o italiano ensinado pelos pais –, dele saiu com o grego e o latim agregados ao que mais tarde seria um cacho de línguas a ler, traduzir e falar (reza a história contada que chegariam a mais de dez, e com leitura em para lá de outras dezenas). No mesmo ano, prestou os exames para entrar na Faculdade de Filosofia, Ciências e Letras da Universidade de São Paulo, onde se formou em Letras Clássicas, quatro anos mais tarde.

Começou aí a carreira de professor, primeiro na Faculdade de Filosofia, Ciências e Letras de São José do Rio Preto (hoje, incorporada à Unesp), onde lecionou por mais de uma década, até 1964. Em abril daquele ano, com o golpe civil-militar que derrubou o presidente João Goulart e instaurou uma ditadura que duraria 21 anos, Flávio foi uma das muitas vítimas de perseguição política. Com ideias identificadas com o pensamento católico mais progressista, perdeu seu emprego na faculdade e chegou a ser preso.

Ao longo dos dois anos seguintes, precisou se virar para conseguir trabalhar e sustentar a família – ele já estava casado e com filhos pequenos. Deu muitas aulas particulares, fez traduções e chegou até a ensinar leitura dinâmica.

Em 1966, o vento começou a soprar a favor: Flávio foi contratado pelo Colégio Santa Cruz e pelo Instituto Sedes Sapientiae, da Pontifícia Universidade Católica (PUC) de São Paulo. Mais tarde, seria professor das faculdades de Letras e de Jornalismo da PUC.

No Santa Cruz, Flávio encantou e inspirou várias gerações de alunos, com sua voz empostada e seu saber que parecia não ter limites. De noções de grego a literatura, de história das religiões a histórias em quadrinhos (um ex-aluno conta que, certa vez, logo no início da aula, depois de uma pausa dramática, ele proferiu, com a voz tonitruante que sabia ter quando queria: "O Cometa morreu!". Após outra pausa, explicou que um personagem de história em quadrinhos que ele admirava havia morrido, deixara de ser publicado), de filosofia clássica a história. "Português" era simplesmente um nome que se dava a suas aulas, da mesma forma que "telefone" é um nome que se pode dar a um iPhone, mesmo sendo ele câmera, dicionário, bússola, vitrola...

Na verdade, Flávio Di Giorgi talvez tenha sido o último dos professores daquilo que os clássicos chamariam de filosofia.

Outro amigo frateno de Lucy era o também professor de português Antônio da Silveira Mendonça. Tal qual Flávio, Mendonça também teve uma formação religiosa, que começou no seminário aos onze anos de idade e terminou na Universidade Gregoriana de Roma, onde foi estudar pelo destaque que teve nos estudos religiosos.

Mas essa não era sua vocação. Voltando para o Brasil, começou a trabalhar como datilógrafo no Banco Itaú, até que, quando teve reconhecidos seus estudos na Itália como equivalentes ao secundário daqui, pôde prestar vestibular. Entrou na Faculdade de Filosofia, Ciências e Letras da USP, então na Rua Maria Antônia, no bairro da Consolação em São Paulo. Formou-se em Letras Clássicas e logo prestou concurso para professor secundário. Mais tarde, foi convidado a lecionar na Faculdade de Letras de Marília, no mesmo ano em que havia se casado com a também professora, de francês, Zulmira.

Um dado surpreendente (e hoje preocupante) é que um professor universitário em início de carreira, como ele, ganhava o equivalente a 25 salários mínimos da época.

Viveram no interior até que, com o incentivo de um colega francês, Mendonça, Zulmira e o primeiro filho do casal, então com seis meses, mudaram-se para Aix-en-Provence, no sul da França.

De volta ao Brasil, Mendonça teve de reiniciar sua carreira. Chegou a dar aulas em três escolas diferentes, até que um amigo o indicou para o Colégio Santa Cruz, onde ficou de 1964 até 1980, quando passou a se dedicar exclusivamente à universidade.

A professora de filosofia Maria Lúcia Franco Montoro Jens tornou-se também uma boa amiga de Lucy. Malu, como é conhecida desde sempre, teve uma chegada inesperada ao Santa Cruz. Formada em Filosofia pelo São Bento e filha de um dos mais importantes líderes políticos do Brasil – o ex-governador e ex-senador André Franco Montoro –, Malu trabalhava em uma editora de origem alemã, a Herder, que publicava os livros do padre Charbonneau. Um talento particular para lidar com pessoas deu a ela certo destaque, apesar da pouca idade. Tornou-se interlocutora da empresa com os autores – entre eles, Charbonneau.

Logo o padre percebeu que Malu não apenas entendia do que ele falava, como podia transmitir aquilo com facilidade. Filósofa e professora: uma combinação que Charbonneau percebeu ser importante para ajudá-lo a segurar as demandas do colégio e da intensa agenda de compromissos externos, que só fazia crescer.

Convidou Malu. Não ouviu um sim logo de cara. Ela tinha dúvidas, estava bem na Herder. Mas acabou aceitando e se tornou assistente do padre nas questões pedagógicas.

Mais um pouco, assumiu salas de aula. Daí adiante, foi toda uma carreira que chegou a levá-la a ser diretora do Ensino Médio do Santa Cruz, mas não se restringiu aos muros do colégio. Malu teve intenso envolvimento com a educação no estado de São Paulo, chegando a ser membro do Conselho Estadual de Educação.

Mas o melhor amigo de Lucy, no Santa Cruz, e um dos melhores ao longo da vida, foi o professor de biologia Marcelo Paes de Mello. Curiosamente, Marcelo chegou ao Santa Cruz pelas mãos de Nicia, que estava às voltas com as novas atribuições de seu marido, Luis Edmundo de Magalhães, nomeado reitor da Universidade Federal de São Carlos. Nicia, depois de mil e uma possibilidades aventadas, não achou uma solução que conciliasse o Santa Cruz e a Universidade Federal de São Carlos. Teria mesmo de se mudar e deixar o colégio.

Isso decidido, comprometeu-se com sua própria substituição. Iria apresentar a pessoa que assumiria seu lugar. Há quem diga que as coisas acontecem sincronicamente para quem se dedica com clareza a um objetivo. Exatamente nesses dias, Nicia foi apresentada, por um colega biólogo, a um jovem recém-formado que queria seguir carreira como professor, embora tivesse outros talentos, como a música. A empatia foi imediata. Na semana seguinte, Nicia apresentou Marcelo como seu substituto. A recomendação tinha peso, e ele foi contratado.

Mais um acerto de Nicia. Marcelo fez no colégio toda a sua carreira. Mas o mais curioso é que logo tornou-se um amigo muito próximo de Lucy. Tudo a partir das conversas na sala de professores, das identidades que superavam diferenças, como idade ou gênero.

Essa amizade se consolidou a tal ponto que Marcelo acabou se tornando um dos grandes companheiros de viagem de Lucy. Depois da morte de Placidinha, com quem Lucy costumava viajar regularmente, o parceiro nos passeios à Europa passou a ser Marcelo.

Sua carreira no Santa Cruz o levou a chegar a um cargo de direção. Acabou se aposentando, por uma questão de saúde, já como coordenador da área. Marcelo veio a falecer em 2016. Uma das grandes perdas de Lucy.

Eduardão

Lucy e Nicia não foram apenas professoras importantes no Santa Cruz. Tiveram, sem querer, um papel central na história do colégio: foi por recomendação delas que o Santa Cruz contratou, como professor de matemática, o jovem físico Luís Eduardo Cerqueira Magalhães. Eduardo era irmão do marido de Nicia, Luiz Edmundo, dezoito anos mais velho.

Nasceu em Pinheiros, à moda antiga, parto em casa. Estudou em escola pública, primeiro no Anhanguera, Fernão Dias, USP. Mas há um detalhe importante: quem acompanhava sua trajetória era Nicia, a cunhada, mais do que qualquer outro membro da família. Quando começou a namorar Edmundo, Eduardo era apenas uma criança – que se tornou uma espécie de filho para os dois. Depois que se casaram, levaram os pais deles e Eduardo para morar com eles. Com isso, o menino tornou-se quase um filho para o casal.

A ascendência de Nicia e Edmundo sobre o jovem Eduardo ficou muito clara quando o casal voltou ao Brasil depois de uma temporada nos Estados Unidos. Duda – este sempre foi seu apelido familiar –, então em plena adolescência, estava mal em quase todas as matérias da escola. Corria o sério risco de repetir o ano. Nicia, quando soube, ficou inconformada. Chamou o jovem cunhado para uma conversa dura e comunicou: do dia seguinte em diante, ele se mudaria da casa de seus pais, na Lapa, para a casa de Nícia e Edmundo, a essa época, em Santo Amaro. Ali criou uma rígida rotina de estudos diários para o cunhado adolescente. Funcionou. Em poucas semanas, Eduardo estava pronto para encarar as diversas provas que viriam, e acabou passando de ano com folga.

Quando terminou o curso científico, no Fernão Dias – Eduardo é mais um que sempre estudou em escola pública, tendo passado antes pelo Anhanguera, da Lapa –, decidiu que estudaria ciência pura e entrou no curso de Física da USP. Já antes de se formar, começou a dar aulas em diversas escolas, e nunca mais parou.

Na universidade, Eduardo conheceu Maria Antonia, que viria a ser sua mulher e mãe de seus quatro filhos. Filha do filósofo e pioneiro da Faculdade de Filosofia, Ciências e Letras da USP João Cruz Costa, a pedagoga Antonia sempre foi o contraponto das humanidades que, de certa forma, complementaram a formação do marido.

Quando, em certa ocasião, o Santa Cruz precisou de um professor de matemática, Lucy e Nícia sugeriram que conversassem com Eduardo. Foi como um novo casamento: aceito e contratado, logo se envolveu completamente com a escola. Grandão, mais de um metro e noventa de altura, voz abaritonada, já impunha respeito pela presença. Mas, com todo o seu tamanho, era uma figura afabilíssima, ótima conversa, amigo de pares, alunos e pais.

Não demorou para que ganhasse o apelido que o acompanhou no Santa por toda a vida: Eduardão.

Em pouco tempo, foi escolhido por Isame Maeoca para ser vice-diretor do colegial, função que acumulava com a de professor de matemática. Quando Isame se aposentou, Eduardo ficou em seu lugar.

Foi um período em que a escola passou por importantes mudanças curriculares, incorporando tecnologia e se ampliando. Quando o padre Corbeil decidiu se afastar, foi Eduardo quem o sucedeu como diretor-geral do Santa Cruz. Foi um momento duplamente importante. Primeiro porque representava a consolidação da escolha pela laicização. Depois porque a escola passou por um novo ciclo de expansão e modernização.

Sob a gestão de Eduardo, o Santa Cruz consolidou sua fama de instituição educacional de primeira linha. Mas no ano em que chegou a ocupar a terceira melhor classificação no Enem em São Paulo, Eduardo deixou claro, por diversas vezes, que a escola não tinha essa estatística como prioridade. A formação para a vida era o foco dos esforços do colégio, não a classificação em uma tabela feita a partir de critérios que não eram necessariamente os mesmos da instituição que ele dirigia.

Pouco antes da virada do século, Eduardo descobriu que tinha um câncer. Resistiu a ele, trabalhando, ao longo dos onze anos seguintes. Jamais pensou em parar de trabalhar, e o fez até seu último dia de vida.

O fim onde tudo começou

Algo não ia bem com Virgílio. Lucy podia intuir isso a distância. Não era claro o que se passava. Talvez fosse um conjunto pesado, composto pelo correr do tempo e o quanto ele drena de energia; talvez a experiência intensa vivida depois da separação de Lucy, em que nem tudo foram flores; talvez o próprio sonho difuso de um mundo melhor, na visão de um socialista destroçado pelos fatos e pela tão cara História, no entanto tantas vezes implacável.

O fato é que, um dia, Virgílio telefonou para Lucy no trabalho. Àquela época, ela ainda trabalhava em mais de uma escola. Surpresa com a ligação inesperada, ela atendeu de um jeito quase formal, fático, algo como "Tudo bem com você?". O que ela ouviu como resposta foi a confirmação da fragilidade que Lucy antevia.

Do outro lado da linha, Virgílio realmente parecia não estar bem. Como já se disse aqui, os dois continuaram muito amigos após a separação, e aquele telefonema comprovava isso. De fato, ele queria conversar, contar que se sentia muito fraco e sem disposição, como se houvesse envelhecido de repente. As recomendações e conselhos pelo telefone pareceram não surtir muito efeito. De qualquer modo, Lucy teve clara a importância de ir vê-lo, quem sabe o convencesse a procurar ajuda médica. Combinaram, então, de se encontrar na casa do Brooklin.

O Virgílio que Lucy encontrou naquela tarde tinha muito pouco a ver com o homem que ela tinha conhecido na Politécnica e mesmo com o marido inquieto e cheio de ideais com quem viveu por dez anos naquela mesma casa em que agora se viam novamente. Havia naquele homem uma fragilidade que saltava aos olhos. Conversaram sobre os problemas da idade, a necessidade de um acompanhamento médico, talvez tenham comentado uma ou duas questões familiares e lhes acrescido um assunto corriqueiro qualquer.

Em uma pausa da conversa, ele se levantou e avisou que iria ao banheiro. Lucy então saiu por um momento ao jardim, circulou por aquele espaço que lhe era tão familiar, pensou em como lidar com a angústia do amigo. Voltou à sala. Esperou.

Algo como uma eternidade se passou (a percepção de dez ou quinze minutos em situações críticas como essa é a de um tempo infinito) até que Lucy tivesse a certeza de que algo não ia bem. Levantou-se, foi até a porta do banheiro e bateu. Nada. Bateu de novo, e de novo, e mais uma vez. Nenhuma resposta. Só poderia haver algo grave por trás daquele silêncio. Virgílio devia estar desacordado. Estavam na casa, naquela hora, além dela e do ex-marido, os empregados. O que fazer? Decidiu então pedir ajuda a quem, naquele momento, lhe parecia mais preparado a ajudar: ligou para o filho Sérgio e pediu que fosse até lá.

Pouco mais de meia hora depois, Sérgio chegou e Lucy descreveu o que acontecia. Seu pai estava desacordado e não respondia do outro lado da porta trancada. O filho então decidiu tentar entrar no banheiro por um vitrô externo. Era estreito demais, mas dali ele pôde ver o pai deitado ao chão, como se tivesse caído a caminho da porta. O jeito era arrombar. Com ajuda dos empregados, derrubou a porta e logo se aproximou do pai. Ele já não respirava mais. A exaustão havia chegado ao ponto extremo, em que a solução era descansar.

Era como se Virgílio tivesse guardado as últimas energias para essa conversa final. Na mesma casa onde tudo começou. E ao lado de Lucy.

Mais uma vez, a volta

Ano após ano, turma após turma, Lucy ia seguindo sua atividade no Santa Cruz, sem sentir o peso do tempo, sempre motivada e cheia de energia – e sempre exigente, com os alunos e consigo mesma. Chegou a assumir uma coordenação na área de ciências exatas, cumulativamente às atividades de sala de aula.

Mas, naquele segundo semestre de 2001, ela viu que havia chegado a hora de uma mudança em sua vida. Não por esgotamento ou por nada que tivesse feito mudar seu entusiasmo pela atividade docente. Vale lembrar, nesse sentido que, a rigor, Lucy já era uma professora aposentada desde 1982. Havia decidido diminuir a quilometragem diária que percorria pela cidade e foi deixando as outras escolas em que trabalhava. No entanto, havia optado por continuar no Santa Cruz e parar apenas quando sentisse que não tinha mais a energia necessária para encarar aquelas alegres e nem sempre muito disciplinadas turbas de adolescentes curiosos, talentosos, interessados – e barulhentos. Só que a energia que ainda estava lá vibrante, mesmo aos 77 recém-completados, teria de ser dedicada a algo que agora se tornava a maior das prioridades: Lilia.

Lilia Wendel Isoldi era uma pessoa fascinante, desde pequena: uma criança linda e sorridente, de grande vivacidade e que encantava os adultos em volta. Na casa do Brooklin, era o encanto de todos e, do outro lado da família e da cidade, na Lapa, não era diferente. Cresceu envolvida e envolvente, em meio àquelas duas famílias que tantas vezes pareciam ser uma só, justamente por conta da geração dela, dos primos que cresciam juntos.

Ninguém estranhou quando, aos dezoito anos, Lilia entrou na Faculdade de Psicologia da USP, uma das duas mais concorridas da área em São Paulo. Ninguém estranhou, tampouco, seu desempenho. Curiosa, viva, inteligente, não apenas ia bem nas exigências formais – leia-se notas – como ia melhor ainda na relação com a escola, colegas, professores e seu tempo. Casou-se no meio da faculdade, o que acabou fazendo com que só terminasse o curso em 1972, seis anos depois de seu ingresso.

Naquele época, pouco depois de se formar, foi diagnosticada com transtorno bipolar, que a acompanharia pelo resto da vida. Um paciente com essa síndrome alterna períodos de profunda depressão com picos de euforia, em que a sensação é um combinado de onipotência, invulnerabilidade e impulsividade sem limites. A eficiência das terapêuticas químicas varia de paciente para paciente e nem sempre controla completamente os sintomas. A principal medicação usada à época era à base de carbonato de lítio.

Lilia fez carreira na Universidade de São Paulo, casou-se duas vezes e teve dois filhos em cada um dos casamentos. Depois de sua segunda separação, decidiu se mudar para a casa dos avós paternos, a casa de Santo Amaro. Havia espaço ali e, ao mesmo tempo, havia história, acolhimento, era a casa onde ela tinha nascido. Mudou-se para lá. Como já mencionei aqui, o imóvel se divide em duas partes simétricas, que podem funcionar como duas casas independentes. Numa delas estava morando, temporariamente, seu irmão Sérgio. A outra estava disponível, e foi para lá que Lilia se mudou.

Ali, teve, como sempre, seus momentos de altos e baixos. A bipolaridade em Lilia se manifestava em períodos longos de euforia, alternados com outros igualmente longos de depressão, nos dois casos de forma bem definida. Assim, na euforia, ela mostrava um lado encantador, sagaz, conversava muito, cantava, ao mesmo tempo em que tomava decisões intempestivas, como subitamente decidir viajar e ir sem avisar ninguém. Já os momentos de baixa eram de um abatimento opressivo e imobilizante. Nessas horas, Lucy costumava ficar muito tempo com ela, mesmo morando no apartamento do Butantã. Chegava a se mudar para lá por três ou quatro dias. Assim ia até a oscilação seguinte.

Mas, depois de alguns anos, o que parecia ao menos previsível começou a se complicar. Lilia começou a ter sintomas que indicavam uma intolerância ao carbonato de lítio, sabe-se lá se por usar por tempo demais ou por uma reação tardia do organismo. O fato é que o lítio começava a ser mais problema do que solução.

O caso se agravava por mais de um lado: não havia uma medicação segura para substituir o lítio, ao mesmo tempo em que o uso constante daquela medicação ia provocando problemas sérios, de ordem neurológica. Um dia, Lilia acordou com algumas dificuldades motoras, que foram piorando ao longo do tempo. O que poderia ser aquilo? Paralisia, dificuldade de fala, enfim, uma situação crítica e aparentemente não ligada ao quadro da bipolaridade.

A saída foi uma internação de emergência e uma cirurgia para drenar excesso de líquido intracraniano. A recuperação seria muito satisfatória, mas restava a questão evidente de que ela estaria mais frágil, dali em diante, e precisaria de acompanhamento muito próximo. Para Lucy, o passo seguinte era evidente: a hora de parar havia chegado, não por falta de energia dela, mas porque a energia deveria ser canalizada agora, toda ela, para sua filha. A decisão foi simples e sem drama: o foco agora era ser mãe, de novo em tempo integral, como tinha sido entre o nascimento de Lilia e a partida de Virgílio.

E, neste mundo de tantas voltas, Lucy voltaria a morar na casa construída pelo velho Dante Isoldi. Sim, sua decisão, naquele momento, não foi apenas a de encerrar a carreira de professora para ficar com Lilia, mas de ficar com Lilia da forma que fosse melhor para ela. E parte importante disso era a casa. Sua filha adorava a casa dos avós paternos e havia decidido – e comunicado à família – que moraria lá até o fim de seus dias.

Assim, Lucy colocou para alugar seu apartamento do Butantã e se transportou, de mala, cuia, corpo e alma para a casa de Santo Amaro. Àquela altura, com a cidade tendo crescido até ali, uma enorme avenida tomando o lugar do que era apenas o trilho do bonde que ia a Santo Amaro, casas por todos os cantos e prédios em construção, a gleba do velho Dante Isoldi parecia uma janela do tempo. Ali se encerrava o longo ciclo de 48 anos de atividade educacional de Lucy Sayão Wendel. Algo que começou por força de circunstâncias inesperadas e repentinas, mas terminou por consagrar o que era, de fato, uma vocação e um talento especial.

Passando por ao menos seis colégios importantes da cidade – além da primeira escola em Santo Amaro, do Mackenzie, Roosevelt, Santa Maria e Santa Cruz, Lucy deu aulas por um breve período no Liceu Eduardo Prado –, ela deixou uma marca que se reconhece, à primeira vista, até hoje, no testemunho de ex-alunos e ex-colegas de trabalho: era muito exigente no que se refere ao respeito e à dedicação à ciência e à educação. Mas isso, embora absolutamente necessário, está longe de ser o suficiente para ser um bom educador.

Nas conversas que tive com educadores que admiro – a própria Lucy entre eles –, pude ver, em todas, a menção a certos fatores que, além de respeito e dedicação, que comporão algo como seriedade de propósitos, são fundamentais para formar um bom educador. O que inicia a lista parece ser quase acaciano, mas é central: ter tido um ou mais educadores de qualidade na infância e na adolescência. Um modelo. Sem exceção, todos os profissionais da educação que ouvi para traçar este perfil – e eu ouvi alguns dos melhores – contam que, entre os fatores que os levaram a escolher esse ofício, estava a memória de um grande professor. A própria Lucy, antes de citar seus grandes mestres do Departamento de Química da FFCL, lembra de seu professor de ciências do Ginásio Perdizes. Vera Novais, aliás, cita Lucy, que havia sido sua professora no então científico (atual Ensino Médio) como a professora que a fez mudar o foco de interesse da matemática para a química. E, vale dizer, não teve com os grandes mestres da USP a mesma boa experiência, mas ali já tinha construído uma referência positiva do ofício de um professor. Ter, aos quinze anos, um grande professor é algo que muda o rumo de uma pessoa.

A partir desses modelos, a construção do verdadeiro educador passa por outras qualidades de quem se dispõe a encarar essa carreira. Parece um paradoxo, mas, para ensinar, a vontade ininterrupta de aprender é tudo. O professor Dononzor Sella, que esteve no Santa Cruz também por quatro décadas, tem mestrado na USP e é autor de diversos livros didáticos na área de física, me recomendou sua leitura mais recente: um livro sobre a física quântica, que, segundo ele, é compreensível para o leitor comum, ao mesmo tempo em que traz novos conceitos importantes. Ou seja: com mais de setenta anos de idade, e já aposentado, ele continua curioso e aberto ao novo – e disposto a compartilhar esse novo, o que é notável. Curiosidade sem fim parece ser mais um fator importante para fazer um educador. A disposição de compartilhar, dividir os frutos dessa curiosidade, soma-se a ele.

Mas há mais. Há o benefício da dúvida. Um grande professor jamais dirá que sabe tudo (como, de resto, um cientista de verdade não o fará). E essa característica provoca a busca permanente da confirmação de uma hipótese aparentemente correta, de um procedimento, de uma busca de resultado. No fundo, a dúvida é que constrói a ciência. Um cientista que só tenha certezas é um padre. Quanto a isso, Lucy sempre teve uma postura absolutamente coerente com a de quem acredita no pensamento científico e suas virtudes e limites. Embora fosse respeitadíssima no corpo docente do Santa Cruz, nunca se valeu de uma possível autoridade natural para impor ideias ou procedimentos. Ao contrário:

Vera conta que Lucy, mesmo sendo uma professora mais experiente, sempre lhe expunha suas dúvidas, era sempre franca – e generosa – ao apontar questões sobre as quais não tinha a certeza científica, na busca de uma conclusão pelo debate.

O passo seguinte à dúvida é a briga sobre como a desfazer. Como se desfaz uma dúvida? Sob o ponto de vista da ciência, há duas maneiras: consultar a literatura científica e testar as hipóteses. Melhor que se façam as duas.

Aí talvez esteja aquela contribuição de Lucy, de que já falamos, ao ensino de química, em primeiro lugar, mas à educação, de forma geral: laboratório. Prática. Teste. Colocar a teoria à prova. Repetir as conclusões práticas dos grandes teóricos e entendê-las acontecendo, num cenário menos solene. Evoluir na teoria, demonstrando, de novo, na prática. Construir, assim, conhecimento. Essa visão, que pode se confundir, em algum momento, com um jeito piagetiano de pensar educação – construir a partir do erro e da experiência –, trazia a mais a questão do envolvimento, e do envolvimento disciplinado. Talvez esteja aí uma pista do que pode ser importante para a construção de um modelo de educação que provoque a expansão de um aluno.

De volta para casa

Ao longo dos sete anos seguintes, Lucy dedicou todo o seu tempo à condição de mãe, avó e bisavó. Sobrou tempo também para alguns momentos de professora, fazendo experiências para mostrar aos netos pequenos e aos bisnetos. Estimular a curiosidade de uma criança é o primeiro passo para despertar o interesse pela ciência – que, como já se disse aqui, é o reino dos curiosos insaciáveis. Foram anos em que o envolvimento com a organização da casa e, em especial, a convivência muito próxima com Lilia passaram a ser o motor de sua vida. O prazer do conhecimento também fez com que Lucy se dedicasse ainda mais à leitura, agora que tinha um tempo antes rarefeito.

Assim foi levando a vida, na casa em que havia morado com Virgílio e a família Isoldi, a mesma em que tinha sido três vezes mãe, a mesma de que decidiu sair quando as circunstâncias a fizeram ter de procurar um trabalho, e alguma clarividência a fez optar pela educação, em vez da indústria química. A sua casa.

Com o acolhimento da mãe, Lilia ia levando a vida, dedicando-se a atividades que pudessem ser desempenhadas em casa. Ela tinha muitos talentos, desenhava muito bem e escrevia com alma. Em certo momento, começou a bordar tecidos para fazer almofadas e vender. Também dedicou-se a pintar quadros de pequeno formato e escreveu vários cadernos em que narrou sua experiência com a bipolaridade, seus momentos difíceis, suas perspectivas de vida.

Mas o tempo já ia cuidando de apagar aquela chama. As sequelas de seus diversos problemas de saúde foram aos poucos vencendo a resistência de seu corpo cada vez mais frágil. De certa forma, Lucy sabia que aqueles anos de volta ao Brooklin seriam para cuidar dos últimos anos de sua filha, sobre quem, desde sempre, era ela quem tinha maior ascendência, mesmo nos momentos de crise. Não chegou a ser uma surpresa quando Lilia, já fraca e acamada, se foi. Há um ditado que, em minha família, é sempre repetido e atribuído a alguma tradição judaica, o que, no entanto, eu nunca comprovei. Mas retrata esse momento: "Não há nada mais triste do que sobreviver a um filho".

Após sete anos de uma sobrevida que deu a mãe e filha a chance de uma segunda convivência, chegava a hora do longo adeus. A capacidade de colocar razão nas coisas talvez tenha ajudado Lucy na hora de enfrentar essa perda. A presença de mais um filho em casa – Roberto, o caçula, havia se separado da mulher e decidira viver com a mãe no casarão dos Isoldi – também lhe dava alguma força.

Os meses seguintes foram difíceis, como se pode imaginar. E, estranhamente, havia algo que tornava tudo mais difícil: leitora voraz que era, nos meses seguintes à morte de Lilia, Lucy simplesmente não conseguia ler. A concentração fugia dos livros após poucas linhas. Era uma dificuldade a mais para mitigar aquela dor. Uma saída foi a antiga prática, aprendida lá atrás, nos tempos ainda de quase criança, e jamais abandonada: o tricô. Lucy começou a fazer verdadeiras (e imensas) maravilhas com aquele par de agulhas e muitos novelos de lã. Pude conhecer algumas dessas peças: é quase inacreditável (ao menos a um leigo no assunto, como eu) que aquelas maravilhas de texturas, trançados, relevos tenham saído apenas de duas mãos humanas e duas compridas agulhas.

Com essa arte, com o tempo e a rotina da condução da casa e com a companhia de Roberto, a dor da perda foi sendo mitigada (não é cem por cento superada jamais, como mostra a sabedoria popular), até chegar a um ponto em que a vida foi retomando seu curso.

No momento em que termino este relato, Lucy vive no casarão e tem ainda intensa convivência familiar. Ela e a irmã Nicia falam-se todo dia e se veem sempre que possível. Uma rotina surpreendente para alguém que mora em Santo Amaro repete-se a cada ano: toda vez que uma turma de ex-alunos seus do Colégio Santa Cruz celebra um aniversário de formatura, ela é convidada a comparecer – e comparece. Invariavelmente lembra-se de boa parte da turma pelo nome (e muitas vezes, pelas notas dadas décadas atrás, o que ora merece elogios, ora provoca boas risadas). E o que é melhor: sempre tem uma palavra de incentivo, de reflexão e uma boa lembrança de seus tempos de sala de aula.

Cada vez que isso acontece, ao menos uma parte de seus ex-alunos relembra – e discute – as aulas de Lucy. Com isso, nos trazem a esperança de que não apenas sobreviva aquela forma de realizar educação, como haja uma chance de que ela se multiplique. Assim, essa vida professora terá conseguido gerar outras tantas vidas professoras, pela inspiração e pelo exemplo.

Exemplo é o que Lucy segue sendo para todos os que a conhecemos. Este perfil busca tão somente que isso se expanda a quem passar a conhecê-la a partir de sua leitura, principalmente para quem tenha a educação como campo de interesse ou de reflexão.

Uma palavra: professor

Tal como o cientista, o grande professor é um eterno curioso. Talvez mais até do que o cientista puro, uma vez que, para o professor, a curiosidade é dupla, vai em duas direções: a primeira é aquela voltada para a evolução de sua matéria, sua ciência, a busca pelas novas descobertas, pela contestação de fatos até então consagrados, o interesse em cada novo livro que enriqueça aquele campo do saber, em cada revista especializada que lhe caia às mãos, em toda conversa com companheiros de ofício.

A segunda vertente de curiosidade é aquela de caráter humano. Não se é um grande professor sem que se tenha um profundo interesse por gente. Um grande professor busca e percebe as características mais sutis de cada aluno para, ao longo de um ano de trabalho, entender o que poderá trazê-lo para perto, de si e da matéria compartilhada. O grande professor chama seus alunos pelo nome ainda nos primeiros dias, já que observa, desde a primeira chamada, quem é quem na sala que acaba de chegar, cheia de olhos curiosos e ressabiados.

É característica dessa curiosidade ser incessante. Num encontro com o professor de física do Santa Cruz, hoje aposentado, Dononzor Sella, como parte da apuração para este livro, falamos não apenas de sua convivência com Lucy, mas também de processos de aprendizado e, por fim, dos limites da ciência. Dononzor comentou que, ainda no secundário, havia preferido a física à matemática porque esta, ao resolver um problema, o fazia de forma definitiva, e só lhe restava ir ao próximo problema não resolvido. Já na física, o que era verdade ontem poderia se transformar a qualquer momento. Nesse ponto da conversa, o entusiasmo do professor e mestre em física pela USP se traduzia em um brilho juvenil no olhar. Via-se ali uma motivação intocada, mesmo depois de quatro décadas de dedicação à educação e à ciência. Para ilustrar seu ponto, mencionou, então, a leitura que havia terminado há poucos dias: o livro *O Último Teorema de Fermat*, do físico e autor científico britânico Simon Singh, que conta a história do teorema que levou mais tempo a ser demonstrado em toda a história da matemática. Fascinado, percebi que o professor havia se aposentado do cargo, não da atividade. A partir da questão matemática do livro, a conversa seguiu para o objeto de estudo do autor, as partículas subatômicas quarks e, dali, o assunto seguiu por mais um bom par de horas.

Conversando com professores, há mais um fator que aparece de forma recorrente em suas narrativas, quando se busca saber por que se deu a escolha por aquele ofício que, à primeira vista, não é o mais grato do mundo: todo grande professor conta ter tido outro grande professor que marcou sua formação, geralmente na adolescência ou na universidade. No caso de Lucy e de Nicia, a memória de um professor inspirador remonta ainda ao ginásio.

Por sua vez, seguramente esses mestres serviram de espelho para que um ou mais alunos seguissem esse caminho.

Numa perspectiva de quem se aflige com o tremendo déficit educacional brasileiro – hoje qualitativo, já que, desde a década de 1990, o Brasil consegue oferecer vagas para praticamente todas as crianças em idade escolar –, a primeira impressão que se dá, em quem observa tantos grandes professores e o que os levou a ser grandes, é a de que basta multiplicar e tornar mais eficiente a formação de professores e, em poucas gerações, o Brasil será uma Finlândia. No entanto, é inevitável fazer aqui uma analogia futebolística: para ganharmos esse jogo e nos tornarmos uma Finlândia, será preciso combinar com os russos. (Há uma passagem anedótica do folclore futebolístico, segundo a qual o técnico Vicente Feola, treinador da Seleção Brasileira de 1962, antes de um jogo contra a então União Soviética, treinava o ponta-direita Mané Garrincha para que fizesse uma determinada jogada que iludiria os zagueiros adversários e facilitaria o caminho do gol. Feola insistia para que Garrincha repetisse a tal jogada até fazê-la da forma que o treinador achasse perfeita. Às tantas, Mané, cansado daquilo, levantou a questão: "O senhor tá combinando essa jogada aqui comigo, mas quem é que vai combinar com os russos?". *Se non è vero, è ben trovato.*) E quem são os russos, neste caso? São os alunos e suas famílias. Ou seja, somos todos nós.

Aqui é preciso parar e examinar com cuidado aquilo que parece ser verdade tão óbvia quanto a do Último Teorema de Fermat – que, camuflado na obviedade, demorou quase 360 anos para ser demonstrado. Como já li certa vez, educação é fundamental para o desenvolvimento do país e da sociedade. Óbvio, não é? Sim, mas não uma solução. Educação é fundamental, mas ela só se tornará uma demanda urgente da sociedade a partir da mudança de hábitos, expectativas e imaginário que a coloquem como valor para cada família e, por consequência, para cada cidadão. Trata-se de uma questão cultural, na mais básica acepção de cultura. A se tomar a definição de Edward Tylor – cultura é um composto que abrange "o conhecimento, a arte, as crenças, a lei, a moral, os costumes e todos os hábitos e aptidões adquiridos pelo ser humano"* –, é possível circunscrever esse conceito e evitar a velha confusão entre cultura e manifestação cultural e artística – esta, afinal, é apenas uma parte que emerge daquela.

Há uma descrição que ouvi, não me lembro de quem, e de que nunca me esqueci, que dizia mais ou menos o seguinte: a educação, embora nos acompanhe por todo lugar, tem endereço – a escola; já a cultura está em todos os endereços. Há, portanto, uma relação entre ambas, em que a educação se subordina à cultura, embora em uma permanente e dinâmica troca.

Entendo que temos um entrave cultural ao desenvolvimento da educação que, embora seja difícil de traçar historicamente, parece ceder às evidências que saltam aos olhos quando observamos nosso próprio cotidiano. Correndo o risco da simplificação, é possível perceber a nossa volta alguns aspectos claramente culturais que parecem predominar na sociedade brasileira e travar os caminhos que nos façam "driblar os russos". Temos uma "cultura da esperteza", que se conecta à "cultura do improviso", que é irmã da "cultura do atalho", todas nascidas de uma cultura de elites e de exclusão.

É essa cultura que permitiu que se chegasse ao que se pode chamar de "gestão de monumento", que se define basicamente como

---

* Fonte: https://archive.org/stream/primitiveculture01tylouoft#page/n17/mode/2up

aquela em que a autoridade entrega à população exuberantes marcos de bronze, mármore ou concreto e lhe sonega o que é mais próximo e mais estruturante: a escola, o centro cultural, a praça bem conservada, o pequeno hospital. Tão grave quanto a ausência objetiva desses equipamentos é a mensagem subjacente de que eles são de pouca importância. Some-se a isso um confuso conjunto de mitos, como o do sucesso pelo futebol ou pelo funk, o sujeito que abandona a escola e se torna dono de uma concessionária de automóveis (ou pior, dono de uma boca de tráfico) e teremos um cenário em que a educação sai do radar da maioria da população. E isso se dá de forma vertical, como mostrou, poucos anos atrás, a declaração de um jovem filho do homem então mais rico do Brasil, que declarava, orgulhoso, jamais ter lido um livro inteiro.

Em um ecossistema cultural como o nosso, é difícil ver prosperar um projeto nacional de educação que não seja a repetição de processos burocrático-institucionais, cujo efeito se dilui, até chegar exangue à ponta, à sala de aula. Se a educação não estiver introjetada no composto cultural da sociedade, não há projeto que vingue. Há um imaginário a reverter, que transforme a "cultura da esperteza" na cultura do conhecimento, a "cultura do improviso" (aquela mesma que cunhou o dito "Deus é brasileiro") na cultura do projeto, a "cultura do atalho" na cultura do caminho.

O fenômeno das "apostilas", da educação instrumental, tomando o lugar de uma educação formadora, é apenas o reflexo de algo que a sociedade brasileira parece pedir hoje, implorar, mesmo: um atalho para a ascensão social. E, de forma geral, uma ascensão social sem nenhum vislumbre de melhoria da sociedade em que se ascende – até porque esse desejo de ascensão camufla uma realidade que é de exclusão, mais do que de um eventual estado inferior em uma ordem comum. É a sensação de estar fora e querer entrar em uma realidade que está em algum lugar entre os prédios altos da Avenida Berrini ou da Barra da Tijuca e o lado de dentro das telas de TV.

Se o Brasil quer repetir o desempenho da revolução econômica sul-coreana, precisa ter um projeto. Para isso, é preciso querer ter um projeto, depois aprender a fazer um projeto, depois efetivamente projetar, detalhar esse projeto e, enfim, aprender a passar pela dor de implantar e lidar com acertos, erros e correções de rota. Por fim, uma vez transformado o projeto em realidade, será necessário manter o que foi construído, o que também demanda planejamento (ou, repetindo mais uma vez a palavra: projeto) e controle.

Tudo isso depende de uma vontade coletiva. É preciso que passemos por uma guinada cultural. Isso passa também por mostrar – não apenas em livros como este, mas principalmente nos meios de massa – que não há caminho fora da educação, mas também que é preciso superar a ilusão do atalho, do esperto, do "deus-é-brasileiro", do "farinha pouca, meu pirão primeiro", do "se não deu certo é porque ainda não terminou", da designação "cdf" para quem estuda.

Aqui foi contada uma história que vai além de si mesma: é também uma história de como fazer, ser e viver educação. Precisamos como nunca de educação e de bons educadores. Mas também precisamos entender isso e desejar tê-los. O futuro depende de muitas Lucys – mas também depende de que cada nova Lucy tenha a sua volta e a sua frente na sala de aula quem a reconheça e a valorize.

Como a Lucy original conseguiu ter e segue tendo até os dias de hoje.

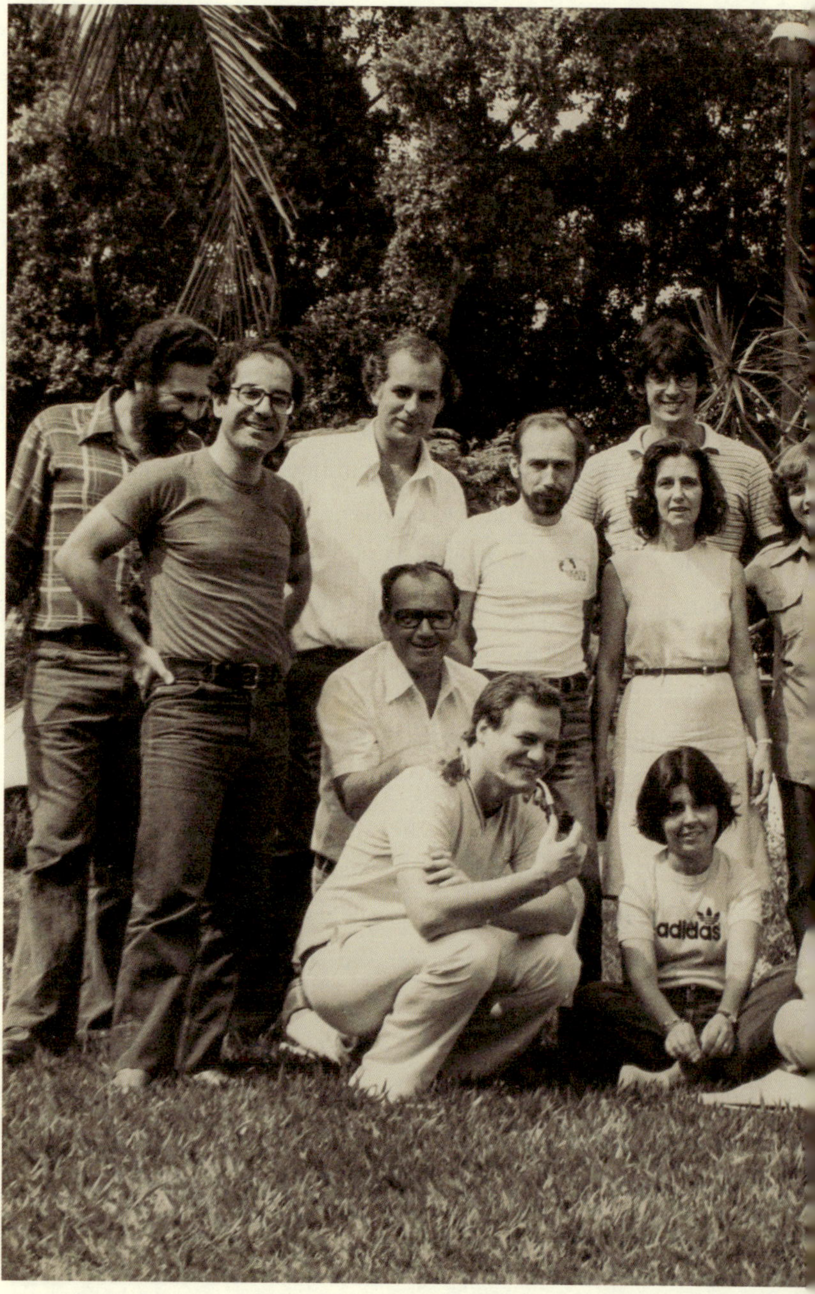
adidas

Imagens

1. Mathilde Wendel na juventude
2. Mathilde, Mariano, Guilherme e Silvano chegando da Dinamarca
3. Mariano quando jovem
4. Guilherme e os filhos do segundo casamento: Job, Ingborg, Lourenço e Olivério

1. Mariano Wendel (o n° 14) durante a Revolução de 32

2 e 3. Guilherme Wendel

4. Guilherme Wendel em expedição da Comissão Geográfica e Geológica (em pé, ao centro)

5. Mateiros fotografados por Guilherme em uma das expedições da CGG

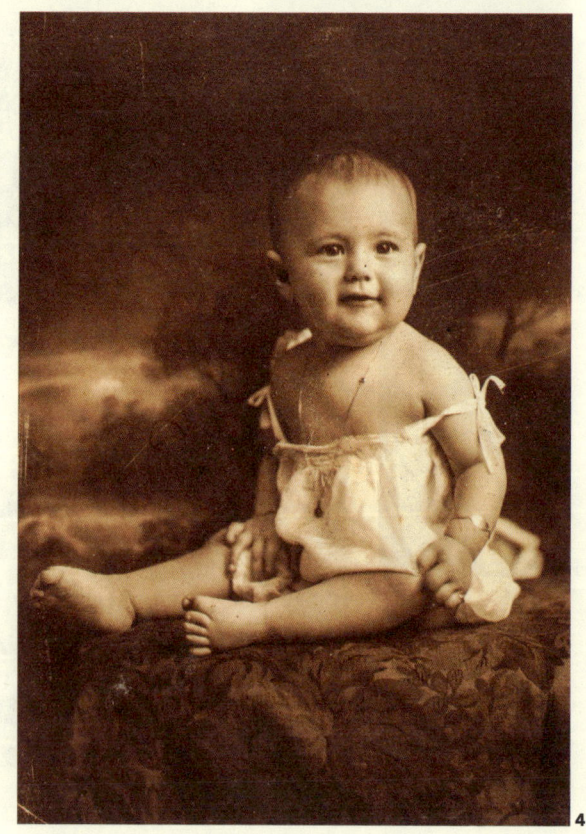

1. Silvano Wendel
2. Placídia Sayão Wendel
3. O doutor João de Goes Manso Sayão, avô materno de Lucy
4. Lucy com poucos meses de vida

1. Lucy e Zilah (no colo) com a babá
2. Lucy aos quatro anos exibindo uma das grandes fitas com que Placidinha adorava enfeitar as filhas
3. Lucy na casa da Rua Gomes Freire, aos oito anos
4. A primeira comunhão de Lucy

1. Lucy e Zilah em 1936
2. O professor Lourival Gomes Machado
3. Retrato de Bidu Sayão com dedicatória a Lucy e Zilah

1. Retrato de Lucy nos trajes de formanda da FFCL

2. Os alunos da escola de Química da Faculdade de Filosofia, Ciências e Letras da USP em 1943, ano da formatura de Lucy

1. Lucy e Virgilio em uma festa

2. Virgilio e Lucy no dia de seu casamento

Na página ao lado: Lucy no dia de seu casamento

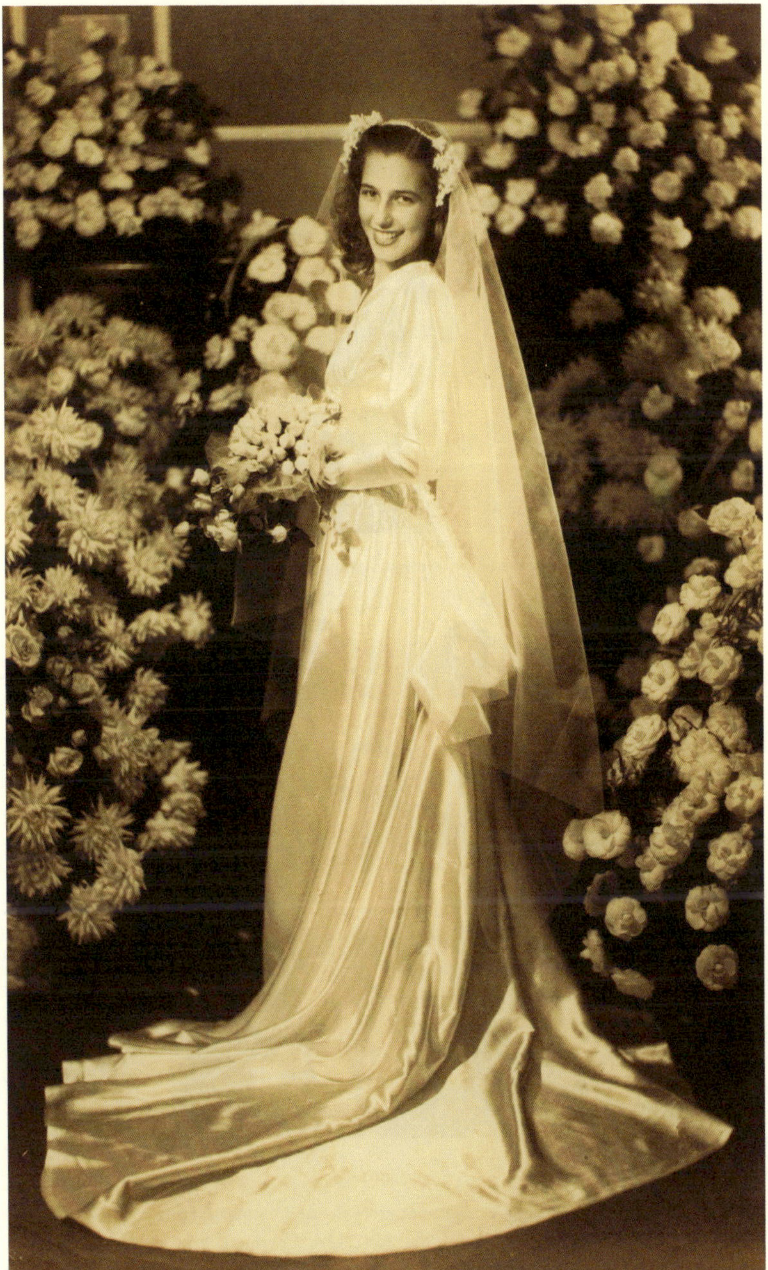

1. Encontro de família, com Lucy e Virgilio ao centro. Entre os presentes, Francisco Isoldi (esq.), pioneiro da FFCL e tio de Virgilio

2. O casal Silvano e Placidinha, com os filhos (Silvano José, em pé, atrás de Placidinha; Zilah, Lucy e Nicia, sentadas), os genros (Perseu, Virgilio e Luiz Edmundo) e netos

1. Lucy com Lilia no colo

2. Lucy, com Lilia no colo, ao lado de sua avó Placidia Sayão e do pequeno primo Norberto

3. O cunhado de Lucy, Francisco Isoldi, que tinha o mesmo nome de seu tio

4. Francisco na foto de formando na Escola Paulista de Medicina

1. O casal Silvano e Placidinha, com os filhos (Silvano José, em pé, atrás de Placidinha; Zilah, Lucy e Nicia, sentadas), os genros (Perseu, Virgilio e Luiz Edmundo) e netos

2. Placidinha dança com o filho Silvano José

3. Lucy com os três filhos, Lilia, Roberto e Sérgio

1. Lucy com as irmãs e a sobrinha Marilia, filha de Nicia
2. Encontro dos ex-colegas de faculdade (Lucy é a quarta da esq. para a dir.)

1. Grupo de professores do Colégio Santa Cruz, em meados dos anos 1970; dos citados neste livro, estão: Luis Eduardo Cerqueira Magalhães (terceiro em pé), Lucy (quinta), João Afonso Pascarelli (sétimo), Marcelo Paes de Mello (nono) e Isame Maeoca (décimo primeiro); de óculos, à frente de Luís Eduardo, Antonio da Silveira Mendonça

2. Em foto do fim dos anos 1990, Malu Franco Montoro Jens, Luiz Eduardo Magalhães, Suzana Facchini Granato, Lucy, Marcelo Paes de Mello, Maria de Lourdes Freire Maia e Dononzor Sella

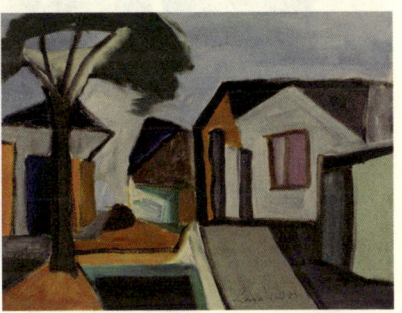

1. Lucy com filhos, netos e bisnetos
2 e 3. Pinturas de Lilia Isoldi

1. Luís Eduardo Cerqueira Magalhães, o Eduardão
2. Lucy e um amigo em viagem à Europa
3. Antonio Mendonça e Lucy se encontram em comemoração ao aniversário de formatura de uma turma do Santa Cruz
Na página ao lado: Lucy durante uma das conversas para a produção deste livro

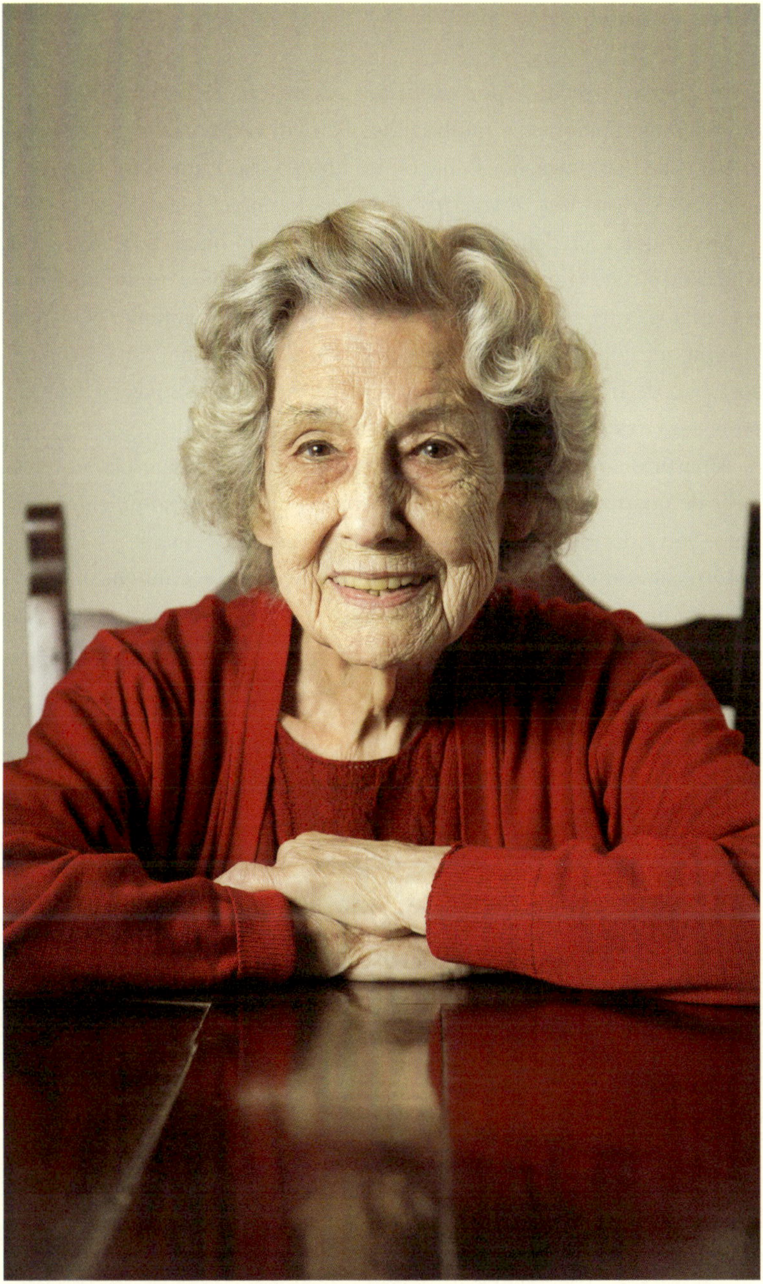

Sobre o autor

Jayme Serva é redator por profissão. Atuou em diversas agências de publicidade, nacionais e multinacionais, e foi colaborador de diversos veículos de comunicação. Publicou no ano passado um livro de poesia, *Cem Sonetos, Pouco Mais, Pouco Menos*, por esta Laranja Original.

Mas o que o credencia para escrever este perfil biográfico não são as laudas de crônicas jornalísticas ou de anúncios sabichões, muito menos os decassílabos que encaixou uns nos outros. Serva é testemunha ocular da história que conta, ou de boa parte dela. Foi aluno de Lucy Sayão Wendel ao longo de três anos, no curso secundário, e jamais esqueceu daquela professora e de suas aulas.

A partir de uma fotografia recebida pela internet que mostrava professores de quatro gerações distintas do colégio em que estudou, entre eles, Lucy, Serva decidiu que aquela história precisava ser contada.

O resultado está aqui: um perfil biográfico que é também um lembrete de quanto é importante a ação de um grande educador na vida de qualquer um de nós.

© 2018, Jayme Ribeiro Serva Junior
Todos os direitos desta edição reservados
à Laranja Original Editora e Produtora Ltda.
www.laranjaoriginal.com.br

Edição: Gabriel Mayor
Pesquisa: Jayme Serva e Marilia Wendel de Magalhães
Projeto gráfico, capa e editoração: Luiz Basile - Casa Desenho Design
Produção executiva: Gabriel Mayor
Revisão: Marilia Wendel de Magalhães e Eliana Medeiros
Fotos: acervo de família
Reproduções e retratos atuais: Nelson Toledo

Você tem a liberdade de compartilhar, copiar, distribuir e transmitir esta obra, desde que cite a autoria e não faça uso comercial.

Dados Internacionais de Catalogação na Publicação (CIP)
(Câmara Brasileira do Livro, SP, Brasil)

Serva, Jayme
    Lucy : uma vida professora / Jayme Serva.
    São Paulo : Laranja Original, 2018.

1. Educação 2. Histórias de vida 3. Professoras - Biografia
4. Professoras de química - Brasil 5. Wandel, Lucy Sayão, 1924 - I. Título.

18-19524   CDD-371.10092

Índices para catálogo sistemático:
1. Professoras : Vida e obra   371.10092
Cibele Maria Dias - Bibliotecária - CRB-8/9427

Esta obra foi composta em Baskerville pela Casa Desenho Design
e impressa em Pólen Soft 80 g/m² pela Ipsis Gráfica e Editora para
a Editora Laranja Original em Agosto de 2018.